성찬, 배부름과 기쁨의 식사

성찬, 배부름과 기쁨의 식사

초판 1쇄 발행 / 2023년 11월 10일

지은이 / 이성호
펴낸이 / 신은철
펴낸곳 / 좋은씨앗
출판등록 / 제4-385호(1999. 12. 21)
주소 / 서울시 서초구 바우뫼로 156(MJ 빌딩), 402호
주문전화 / (02)2057-3041 주문팩스 / (02)2057-3042

www.facebook.com/goodseedbook

ISBN 978-89-5874-393-4 04230

ⓒ 이성호 2023

이 책의 저작권은 저자와 독점계약한 도서출판 좋은씨앗에 있습니다.
신저작권법에 의하여 보호를 받는 저작물이므로 무단 전재와 복제를 금합니다.

단단한 기독교 시리즈 18

성찬, 배부름과 기쁨의 식사

교회를 교회되게, 증인을 증인되게 하는 본질

이성호

좋은씨앗

차례

추천의 글 • 6
여는 글: 성찬의 성찬다움을 위하여 • 9

✳

1. 성경에 나타난 식사 • 13

2. 식사: 성찬의 본질 • 31

3. 그리스도의 몸을 어떻게 먹는가? • 51

4. 성찬의 실제 • 75

성찬 시행에 관한 웨스트민스터 대교리문답 • 97

5. 성찬으로 회복되는 예배 • 101

6. 성찬 설교: "나는 섬기는 자로 너희 중에 있노라" • 125

✳

닫는 글: 소망의 식사 • 135
성찬 시행에 대해 자주 하는 질문들 • 137
미주 • 141

• 추천의 글 •

"그리스도의 몸은 우리를 위해 주어졌습니다." 이 말의 풍성한 의미를 이 책은 최선을 다해 전달하고 있습니다. 성찬이 어떻게 우리를 위해 주어진 그리스도의 몸을 기억하고 향유하게 하는지 성경적으로, 교리적으로, 교회사적으로, 실천적으로 잘 정리해줍니다. 이 책에서 독자들은 세 가지 유익을 얻게 될 것입니다. 첫째, 성찬의 의미를 깨닫고 성찬이 정말 은혜의 방편임을 경험합니다. 둘째, 성찬을 둘러싼 다양한 논의에 대한 명쾌하고 유용한 대답을 듣습니다. 셋째, 교회를 통해 나타나는 예수 그리스도의 은혜를 분명히 깨닫고 더욱 성실하게 신앙생활을 합니다. 성찬에 관해 쓴 책은 많지 않고 그마저도 현학적이라서 읽기 쉽지 않은데, 이렇게 성찬에 대해 쉽고도 깊이 있게 얘기하는 책을 만나 기쁩니다. 포스트-코로나 시대를 맞아 제대로 된 성찬을 회복하는 데 꼭 필요한 책입니다.

우병훈 고신대학교 신학과 교수, 『교회를 아는 지식』 저자

뷔페 식사를 마음껏 즐길 수 있는 티켓을 가지고서도 그 사실을 몰라 쫄쫄 굶으며 대서양을 건넜다는 사람의 이야기처럼, 많은 교회들은 지상에서 누릴 수 있는 성찬의 부요한 의미를 잘 모르기에 누리지 못하는 일이 많지는 않을까요? 저자는 성경 전체를 통해 드러나는 성찬의 풍성한 의미와 더불어 그 실천적 적용까지 구체적으로 다루며, 교회와 성도들을 부요한 축제의 예배로 안내합니다. 특히 마지막 장에 실린 설교문은 성찬을 단순한 의식으로 제시하는 것을 넘어 복음의 부요한 본질을 가리키는 것으로 선포하기에, 성도들과 함께 읽는다면 대단히 유익할 것입니다. 저자의 말처럼, '축제'로서의 예배에는 음악뿐 아니라 음식이 필요합니다! 이 짧은 글을 묵상함으로 많은 성도들이 부요한 예배의 기쁨을 누리길 바랍니다.

이정규 시광교회 담임목사, 『회개를 사랑할 수 있을까』 저자

· 여는 글 ·
성찬의 성찬다움을 위하여

한국 개신교회의 성찬식 분위기는 대체로 다음과 같습니다.

성찬이 준비된 탁자는 흰 보자기로 덮여 있고, 성찬 예식을 집례하기 직전에 목사와 장로는 흰 장갑을 낍니다. 마치 장례식장에 온 것 같은 느낌입니다. 성찬 예식 중에 목사가 낭독하는 성경 구절도 거의 대부분 죽음에 초점이 맞춰져 있고 엄숙하고 무겁게 들립니다. 분병과 분잔이 시행되면서 피아노나 오르간 반주는 한층 더 구슬퍼집니다. 성찬식에서 부르는 찬송가도 대개 이렇습니다.

"갈보리산 위에 십자가 섰으니…."

"주 달려 죽은 십자가 우리가 생각할 때에…."

얼마 후 떡과 잔을 받은 성도들이 훌쩍이며 슬픈 분위기는 더욱 고조됩니다. 이쯤 되면 나머지 사람들도 왠지 슬퍼해야 한다는 부담을 갖습니다. 눈물을 많이 흘릴수록 은혜를 많이 받은 것만 같습니다.

이 모든 상황을 종합해보면, 한국 교회 성도들은 성찬식을 예수님의 장례식이나 추도예배로 이해하고 있는 것이 분명합니다.

"뭐가 문제입니까? 성찬식은 분명 주님의 죽으심을 기념하는 예식이 아닌가요?" 하는 반문이 있을지 모르겠습니다. 그렇습니다. 성찬식은 그리스도의 대속적 죽음을 기억하고 선포하는 예식이 맞습니다. 웨스트민스터 대교리문답 168문의 답에서 말하듯 "그리스도가 명하신 대로 떡과 포도주를 주고받음으로 그분의 죽으심을 보여주는 신약의 성례"입니다.

문제는 주님의 죽으심을 '어떻게' 이해하고 기념할 것인가입니다. 더 나아가 성찬의 본질이 과연 주님의 죽음에 국한되는지도 생각해봐야 합니다.

오늘날 성찬식은 주로 주일에 시행합니다. 금요일 정사(釘死) 예배 때 성찬식을 하는 교회도 있지만, 주일에 성찬식을 행하는 것은 교회의 오랜 전통일 뿐 아니라 사도들이 따랐던 성경적 규범이었습니다. 예수님이 십자가에 못박혀 돌아가신

'금요일'이 아니라 부활하신 '주일'을 성찬의 날로 사도들이 선택했다는 사실은, 성찬을 예수님의 죽으심이라는 관점으로만 보지 않았음을 단적으로 반증합니다.

성찬식을 장례식처럼 생각하기 때문인지 모르지만, 한국 교회에서 성찬식은 대개 일 년에 두세 차례 정도 시행되고 맙니다. 성찬식을 할 때면 목사가 특별한 가운을 입습니다. 적어도 여느 주일과 구별된 특별한 날이라는 인상을 줍니다. 그나마 작은 교회는 성찬을 자주 시행할 수 있어도, 큰 교회는 성찬식을 자주 하기가 부담스러울 수 있습니다. 시간이 많이 걸리고 번거로운 데다가 자주 하면 성도들이 일종의 매너리즘에 빠질 수 있다고 생각하기 때문입니다.

무엇보다 성도들 대부분이 성찬의 유래와 의미, 요소에 대한 기본적인 내용조차 잘 알지 못하는 것이 문제입니다. 중요한 예식 같기는 하지만 왜 그런지는 별로 들은 적이 없고 배울 기회도 없었기 때문입니다. 장로교 목사들도 이 문제에서 예외가 아닙니다. 성찬과 관련해 '기념설'과 '영적 임재설'을 정확히 구분하여 설명할 수 있는 목사가 거의 없다고 해도 과언이 아닙니다. 심지어 영적 임재설을 믿는다고 말하면서도 실제로는 기념설을 따르는 경우도 적지 않습니다. 성찬에 대한 이해가 피상적이니 성찬이 주는 진정한 기쁨을 온전히 누리지도 못합니다. 부디 이 책이 성찬에 대한 바른 이해를 도와 성찬의 기쁨을 회복하고 만끽하며 온전한 예배를 드리는 데 도움이 되길 바랍니다.

1. 성경에 나타난 식사

식사: 하나님이 자기 백성에게 주신 복

성경의 천지창조 이야기는 신자라면 누구나 잘 알 것만 같습니다. 그러나 의외로 모르는 내용이 있습니다. 창조 순서나 사람 창조에 대해서는 익히 들었어도 창조 기사의 마지막 부분에서 하나님이 정확히 어떤 일을 하셨는지, 그중에서도 사람에게 어떤 복을 베푸셨는지는 잘 모르는 경우가 많습니다. 오늘날 많은 그리스도인이 복 받는 데 열광하면서도 정작 성경이 복에 대해 뭐라고 말하는지에 무관심한 것은 아이러니입니다.

창세기 1장에 따르면, 하나님이 여섯째 날에 자기 형상 곧 하나님의 형상대로 사람을 창조하시되 남자와 여자를 창조하시고 그들에게 복을 주셨습니다. 이 복은 두 가지로 구분할 수 있습니다. 하나는 생육하고 번성하여 땅에 충만하며 땅의 모든 움직이는 생물을 다스리게 하신 것이고, 다른 하나는 땅의 씨 맺는 모든 채소와 씨 가진 열매 맺는 모든 나무를 먹을거리로 주신 것입니다. 어떻게 보면 이 둘은 서로 연결됩니다. 음식은 이 세상에 하나님의 대사로 파송받은 사람이 보내신 이의 뜻을 따라 이 땅을 잘 다스릴 때 받는 선물이라고 할 수 있습니다.

창조 기사에서 우리는 사람이 '먹어야 하는' 존재로 만들어졌다는 점에 주목해야 합니다. 그것은 사람이 선하지만 연약한 존재라는 의미입니다. 우리는 먹지 않으면 배고픔의 고통을 겪습니다. 다행히 하나님은 최초의 사람들에게 풍성한 음식을 허락하셨고, 그들은 배고픔을 경험하지 않아도 되었습니다. 그러나 음식은 단지 배만 채우는 수단이 아닙니다. 그렇다면 사람이 짐승과 다를 바가 전혀 없을 테지요. 사람은 짐승과 달리 음식을 먹을 때 맛을 음미하고 즐기고 싶어 합니다. 음식이 배만 채우는 수단이었다면, 하나님이 아담과 하와에게 "선악과만 따 먹어라"고 명하셨더라도 아무런 문제가 없었을 것입니다. 그러나 자비로우신 하나님은 선악과를 제외한 모든 열매를 그들에게 허락하여 먹고 즐기게 하셨습니다.

하나님은 이 세상을 아름답게 창조하셨을 뿐 아니라 보시고는 좋아하셨습니다. 하나님이 만드신 사람도 이 세상의 아름다움을 보면서 즐겼을 것입니다. 하나님은 사람들을 천사처럼 창조하여 먹지 않고도 얼마든지 살 수 있게 하실 수 있었습니다. 사람이 아름다운 열매를 보기만 하도록 창조되었다면 어땠을까요? 열매를 눈으로 보기만 하며 즐기는 것과 맛도 보면서 즐기는 것은 본질적으로 큰 차이가 납니다. 눈으로만 볼 때, 열매와 보는 사람은 분리되어 있습니다. 반면, 열매를 먹는 순간 그 열매는 먹는 사람의 일부가 됩니다. 먹는 사람은 열매를 맛보아 알게 되고 배부름도 느낍니다. 이것이 천사와 달리 몸을 가진 사람이 누릴 수 있는 특권입니다.

선하신(good) 하나님이 창조하신 세상은 좋은(good) 세상이었습니다. 이 세상에는 하나님의 선하심이 반영되어 있습니다. 하나님은 이 선하심을 사람들이 보기만 하며 즐기도록 하지 않으셨습니다. 우리가 창조 세계의 일부를 맛보아 알길 원하셨기에 그것을 우리에게 먹을거리로 주셨습니다. 음식을 먹는 것, 즉 식사를 통해 하나님의 선하심을 맛보아 아는 것은 하나님이 사람에게 주신 큰 복 중 하나입니다.

그런 점에서 사람의 첫째 되는 목적을 묻는 웨스트민스터 소교리문답 맨 처음 질문에 대한 답을 기억할 필요가 있습니다. 사람의 첫째 되는 목적은 하나님을 영화롭게 하는 것과 그분을 영원토록 즐거워하는 것입니다. 피조물인 사람은 무한하신 하나님을 직접 경험할 수 없기 때문에, 하나님이 주신 선물을 통해 그분을 즐거워할 수밖에 없습니다. 음식을 통해 하나님을 경험하고 즐거워하는 것은 사람에게 주어진 당연한 의무인 동시에 복입니다.

하지만 식사를 통해 하나님을 즐거워하는 데는 절제가 따라야 합니다. 탐식은 배부름을 줄지언정 음식의 참된 맛은 선사할 수 없습니다. 이 점을 염두에 두신 듯 하나님은 아담에게 먹는 데 제한을 두셨습니다.

"선악을 알게 하는 나무의 열매는 먹지 말라"(창 2:17).

교만과 불신이 가득한 사람들은 "왜 하나님은 선악과를 만드셨는가?"라고 불평합니다. 하지만 하나님은 선악과를 두어 사람이 음식을 당연한 것으로 여기지 않도록 하셨습니다. 사람이 선악과를 제외한 다른 모든 열매와 채소를 먹게 된 것은 전적으로 하나님이 그렇게 정하셨기 때문입니다. 하나님은 선악과 혹은 몇 가지 열매만 먹으라고 명하실 수도 있었습니다. 그렇더라도 피조물인 사람은 어떤 원망도 할 수 없습니다. 어떻게 보면 선악과만 금하신 것이야말로 하나님의 선하심을 보여주는 증거가 아닐까요? 선악과를 먹지 말라는 금기를 정하신 것은, 사람이 이를 통해 모든 식물의 주인이 하나님이심을 분명히 인식하도록 하기 위해서였습니다. 오직 하나님의 말씀에 근거해 모든 식물을 배불리 먹을 수 있음을 배워야 했습니다.

아담의 불순종으로 하나님이 사람에게 주신 복은 심각하게 손상되었습니다. 다만 하나님이 창조 때 사람에게 주신 복 자체를 거두지 않으신 것은 감사한 일입니다. 하나님은 여전히 사람이 음식을 먹고 살아가도록 허락하셨습니다. 다만 이전과 달리 땀 흘려 일해야 먹고살 수 있게 되었습니다. 사람의 불순종으로 땅이 저주를 받아 이전처럼 풍성한 먹을거리를 내지 않게 되었기 때문입니다. 이 형벌은 지금도 인류에게 막대한 영향을 미치고 있습니다. 얼마나 많은 사람들이 가난과 굶주림에 고통당하고 있습니까? 그런 의미에서 굶주리는 자에게 음식을 공급하는 것은 선하신 하나님의 성품을 이 세상에 가장 잘 드러내는 사역이라고 할 수 있습니다.

에덴동산에서 아담이 불순종하여 심각하게 손상된 복은 예수 그리스도가 세우신 동산에서 회복될 것입니다. 인류 최초의 사랑의 송가("이는 내 뼈 중의 뼈요 살 중의 살이라", 창 1:23)에 대한 주석이라고 할 수 있는 아가서에서 이 사실을 유추할 수 있습니다.

> 북풍아 일어나라 남풍아 오라
> 나의 동산에 불어서 향기를 날리라
> 나의 사랑하는 자가 그 동산에 들어가서
> 그 아름다운 열매 먹기를 원하노라(아 4:16).

이 시를 하나님과 이스라엘 백성, 더 나아가 그리스도와 교회의 관점에서 본다면, 에덴동산이 진정으로 표상하는 바는 주님이 세우신 동산에서 신부가 신랑의 향기를 맡으며 열매를 먹고 기뻐하는 것입니다. 우리가 주님의 열매를 먹고 만족을 누리며 기뻐하길 주님은 정말로 원하십니다. 아가서에 나타난 이 기쁨은 새 하늘과 새 땅에서 최종적으로 이루어질 테지만, 이런 경험을 순전히 미래에만 할 수 있는 것은 아닙니다. 우리는 미래의 그 기쁨을 이 땅에서 소망하는 가운데 믿음으로 미리 누릴 수 있습니다. 주님이 베푸신 성찬은 바로 그런 일이 구체적으로 일어나는 현장입니다.

만나: 광야교회가 누린 하늘의 양식

아담에게 선악과를 통해 에덴동산에서 어떻게 살아야 하는지 (즉 하나님의 말씀을 지키며 살아야 한다는 것을) 가르치신 하나님은, 출애굽한 이스라엘 백성에게는 만나로 그것을 가르치셨습니다. 신명기 8장 2-3절은 하나님이 이스라엘 백성에게 만나를 주신 이유를 분명히 밝히고 있습니다.

> 네 하나님 여호와께서 이 사십 년 동안에 네게 광야 길을 걷게 하신 것을 기억하라. 이는 너를 낮추시며 너를 시험하사 네 마음이 어떠한지 그 명령을 지키는지 지키지 않는지 알려 하심이라. 너를 낮추시며 너를 주리게 하시며 또 너도 알지 못하며 네 조상들도 알지 못하던 만나를 네게 먹이신 것은 사람이 떡으로만 사는 것이 아니요 여호와의 입에서 나오는 모든 말씀으로 사는 줄을 네가 알게 하려 하심이니라.

이 구절에서 하나님이 "사람이 떡으로만 사는 것이 아니요 여호와의 입에서 나오는 모든 말씀으로 사는 줄"을 이스라엘 백성에게 어떻게 가르치셨는지 눈여겨보십시오. 이것을 제대로 이해하려면 만나가 무엇인지 정확히 알아야 합니다.

선악과의 경우와 마찬가지로 하나님은 만나를 주시면서 그들 마음대로 먹으라고 하지 않고 크게 세 가지 중요한 규칙을 정해주셨습니다. 물론 이스라엘 백성은 아담이 그랬듯 불순종의 길을 걸었습니다.

하나님이 만나와 관련해 이스라엘 백성에게 정해주신 규칙은 다음과 같습니다.

첫째, 한 사람이 한 오멜씩만 거두어야 합니다. 굶주렸던 이스라엘 백성이 이 규칙을 제대로 지켰을까요? 우리 같으면 어떻게 했을까요? 아침에 일어나 보니 만나가 광야 지면을 덮고 있습니다. 그 많은 만나가 공짜입니다. 그야말로 횡재를 만났습니다. 그들은 밖에 나가서 힘 닿는 대로 만나를 거두었습니다. 그중에는 많이 거둔 사람도 있고 적게 거둔 사람도 있었습니다. 이것을 본 모세가 사람들을 불러모아 거둔 것을 다시 측정했습니다. 그러자 희한한 일이 벌어졌습니다. 많이 거둔 자도 남음이 없고 적게 거둔 자도 부족함이 없었기 때문입니다(출 16:18).

둘째, 만나는 당일에 다 먹어야 했습니다. 따라서 이스라엘 백성은 날마다 밖에 나가서 그날 먹을 만나를 거두어야 했습니다. 하나님은 만나를 넉넉하게 주셨지만 한 달치의 양식을 거두게 하지는 않으셨습니다. 한 오멜은 그들에게 일용할 양식이었습니다. 이것이 만나의 정신입니다. 그 정신은 주기도문에도 그대로 반영되어 있습니다. "오늘 우리에게 일용할 양식을 주시옵고"(마 6:11).

이 규칙은 하나님의 백성이 날마다 하나님의 은혜에 의존하며 살아가는 존재임을 보여줍니다. 그런데 이 규칙을 지키지 않은 사람들도 있었습니다. 그들은 먹고 남은 것을 그 다음날 아침까지 두었습니다. 그 만나가 어떻게 되었을까요? 벌레가 생기고 냄새가 나서 먹을 수 없게 되었습니다. 왜 그들은 만나를 남겨 두었을까요? 다음날 또 광야에 나가 거두기 귀찮아서 그랬을지도 모릅니다. 가장 큰 이유는 다음날 만나가 또 내릴 것이라는 믿음이 없었기 때문입니다. 그래서 다음날 먹을 만나를 저장해두었습니다.

셋째, 안식일 전날에는 이틀치의 양식을 거두어 하루 양식을 저장해야 했습니다. 덕분에 고달픈 광야생활에서 안식일은 진정 쉬는 날이 될 수 있었습니다. 안식일 전날에 이틀치 양식을 거두게 하신 것은 하나님의 은혜였습니다.

그런데 이 은혜를 무시한 사람들이 있었습니다. 그들은 안식일에도 만나를 거두러 밖에 나갔습니다. (안식일이 아닌) 다음날을 위해 만나를 저장해둔 사람들이 하나님의 은혜에 의심을 품은 것이었다면, 안식일에 만나를 거두러 나간 사람들은 그 은혜를 너무나 당연하게 여겼습니다. '엿새 동안 하루도 빠짐없이 만나가 내렸는데 일곱째 날이라고 내리지 않을 리 있나?'라고 생각했던 것입니다. 하지만 만나는 하나님의 말씀대로 일곱째 날인 안식일에 내리지 않았고, 만나를 거두러 밖에 나간 사람들은 헛수고를 했을 뿐 아니라 하나님을 분노케 했습니다.

만나는 거지에게 베푸는 자선 행위가 아니었습니다. 하나님은 자기 백성에게 먹을 것을 주실 때 무한정 퍼주지 않으셨습니다. 그런 경우가 있기는 했지만 이스라엘 백성에게 복이 아니라 형벌을 내리기 위해서였습니다. 탐심을 품은 이스라엘 백성이 만나에 만족하지 않고 고기를 달라고 요구했을 때, 하나님은 바람을 일으켜 바다에서부터 메추라기를 몰아 이스라엘 진영과 그 주변 일대에 무제한으로 공급하셨습니다. 시편 기자는 이 장면을 다음과 같이 묘사합니다. "먼지처럼 많은 고기를 비같이 내리시고 나는 새를 바다의 모래같이 내리셨도다"(시 78:27).

하나님은 메추라기를 주실 때에는 만나의 경우와는 달리 어떤 규칙도 주지 않으셨습니다. 이스라엘 백성은 그날 밤과 낮 그리고 그 다음날 저녁까지 메추라기를 잡았습니다. 그뿐 아니라 잡은 메추라기를 말리려고 진영 주변 사방에 널어 놓

기까지 했습니다. 그들이 탐심으로 고기를 씹으며 그 맛을 즐기고 있을 때, 하나님이 노를 발하여 그들 중 살진 자를 죽이시고 이스라엘 청년들을 쳐서 엎드러뜨리셨습니다(민 11:31-33, 시 78:25-31).

하나님이 이스라엘 백성에게 만나를 주신 목적은 분명합니다. 만나는 하나님의 말씀을 지킬 때에만 그들에게 양식이 되었습니다. 많이 거두어도 소용없습니다. 남겨 두면 썩어 음식쓰레기가 될 뿐입니다. 안식일 전날에 이틀치의 양식을 거두지 않으면 안식일은 평안이 아니라 배고픔의 날이 되었습니다. 여호와 하나님은 이렇게 만나를 통해 자기 백성에게 "사람이 떡으로만 사는 것이 아니요 여호와의 입에서 나오는 모든 말씀으로 사는 줄"을 가르치셨습니다.

성찬도 마찬가지입니다. 주님의 말씀을 따라 올바로 성찬을 시행하고 믿음으로 떡과 잔을 받을 때, 비로소 성찬은 우리에게 하늘의 양식이 됩니다.

유월절 식사: 영원한 규례

구약에서 가장 중요한 사건 두 가지를 꼽으라면, 하나는 천지창조이고 다른 하나는 출애굽입니다. 두 사건에서 하나님은 자신이 어떤 존재인지 보여주셨습니다. 창조주이자 구속주이심을 분명하게 드러내셨습니다. 하나님은 특별히 출애굽한 날을 유월절로 지정하여 영원한 규례로 지키게 하셨습니다. 우리는 하나님이 이스라엘 백성을 어떻게 구원하셨는지 잘 알고 있습니다. 하나님은 이스라엘을 오랫동안 학대해온 이집트에 열 가지 재앙을 내려 심판하셨습니다. 특히 마지막에는 장자를 죽이는 재앙을 내리셨습니다. 죽음의 천사를 보내 처음 태어난 것은 사람이든 동물이든 다 죽이도록 하신 것입니다. 이 재앙에서는 이스라엘 백성도 예외가 아니었습니다.

이스라엘 백성은 어떻게 죽음의 재앙에서 건짐을 받았을까요? 다름 아니라 문설주에 바른 유월절 어린 양의 피가 그들을 살렸습니다. 그 피만이 이스라엘 백성과 이집트 백성을 구분했습니다. 이스라엘 백성이 구원받은 것은 그들의 공로가 아니라 오직 하나님의 은혜로 이루어진 일임을 어린 양의 피가 명백히 증명합니다. 죽음의 천사는 어린 양의 피가 문설주에 발린 집은 넘어갔습니다. 그래서 이날을 넘어간다는 의미로 유월절(passover)이라고 부릅니다.

그런데 유월절 이야기는 여기에서 끝나지 않습니다. 죽음에서 건짐을 받기 위해서는 어린 양의 피를 문설주에 바르기만 해서는 부족합니다. 하나님은 유월절 어린 양과 관련해 이스라엘 백성에게 또 하나의 중요한 규례를 주셨습니다. 그 어린 양을 남김없이, 심지어 머리와 정강이와 내장까지 그날에 다 먹으라고 명하셨습니다. 어린 양을 요리하는 방식까지 정해주셨습니다. 날로나 삶아 먹어서는 안 되고 불에 구워 먹되 무교병 및 쓴 나물과 함께 먹어야 했습니다.

유월절 식사가 개인 식사가 아니었다는 점을 기억하십시오. 식구가 적으면 어린 양 한 마리를 그날에 다 먹을 수 없으므로 이웃과 함께 사람 수에 따라 양을 잡도록 했습니다. 각 사람이 먹을 수 있는 분량대로 필요한 어린 양의 수를 계산해야 했습니다(출 12:3-4). 따라서 유월절은 자기뿐 아니라 형제들을 돌아보는 절기였으며, 유월절 식사는 거대한 무리가 한몸을 이루어 먹는 공동체 식사였습니다.

성경은 예수 그리스도가 바로 유월절 어린 양이라고 말합니다. 십자가에 달리신 예수님과 유월절 어린 양의 몇 가지 중요한 유비를 살펴보겠습니다.

- 장자 재앙이 있기 전 흑암 재앙이 3일 동안 있었습니다. 예수님이 십자가에 달리셨을 때 3시간 동안 흑암이 있었습니다.
- 이스라엘 백성은 4일 전, 즉 1월 10일에 어린 양을 자신

의 집으로 소중히 끌고 와야 했습니다. 예수님도 바로 그날 나귀를 타고 자신의 집인 성전에 들어가셨습니다.
- 어린 양은 흠없고 일 년 된 숫양이어야 했습니다. 예수님도 남자이고 죄가 없는 분이었습니다.
- 유월절 당일이 되면 9시에 양을 기둥에 묶어두었다가 해질 때(3시경) 잡았습니다. 예수님도 9시에 십자가에 못박히시고 3시에 운명하셨습니다.

예수님이 십자가에 달려 죽으신 타임라인을 유월절 어린 양과 연결지어 보면, 세례 요한이 예수님을 가리켜 "세상 죄를 지고 가는 하나님의 어린 양이로다"(요 1:29)라고 선포한 이유를 알 수 있습니다. 예수 그리스도가 하나님의 어린 양임을 믿는다면, 그분의 피를 문설주에 바르기만 해서는 부족합니다. 어린 양이신 그분을 집으로 영접할 뿐 아니라 그 몸을 교회 공동체와 함께 남김없이 먹어야 합니다. 이것이 성찬의 본질이고, 신약 교회는 성찬을 통해 유월절 식사를 지킵니다. 성찬은 하나님이 자기 백성에게 주신 영원한 규례에 속한 식사입니다.[1]

예수님: 양무리를 먹이시는 목자

예수님이 지상에 계실 때, 최후의 만찬 이외에도 제자들을 먹이신 일이 적지 않았습니다. 대표적으로 오병이어 기적이 있습니다. 광야에서 하나님이 모세를 통해 이스라엘에게 만나를 먹이셨듯 주님은 자신을 따르는 무리를 친히 배불리 먹이셨습니다. 먹고 남은 조각이 열두 바구니에 가득 찼다는 말씀이 증명하듯, 예수님은 이 기적을 통해 자신이 이스라엘 백성 모두를 먹이는 메시아임을 보여주셨습니다. 예수님은 이스라엘 백성뿐 아니라 앞으로 자기 백성이 될 이방인들도 먹이셨습니다. 보통 우리는 5천 명을 먹이신 기적을 떠올리지만, 주님이 4천 명을 먹이신 일도 잊지 말아야 합니다. 4천 명이 배불리 먹고 남은 조각이 일곱 광주리나 되었다는 것은, 이 기적이 가나안의 일곱 족속, 즉 이방인을 향한 표적이었음을 말해줍니다.[2]

예수님은 먹이실 뿐 아니라 마시게도 하시는 분이었습니다. 요한복음에 따르면, 예수님이 갈릴리에서 행하신 첫 표적은 물로 포도주를 만드는 기적이었습니다. 혼인 잔치에서 포도주는 기쁨의 상징이므로 포도주가 떨어졌다는 것은 기쁨이 사라졌음을 의미합니다. 예수님은 그들에게 최상의 포도주를 풍성하게 제공하여 망할 뻔했던 혼인 잔치를 회복시키셨습니다. 최초의 이 기적은 메시아 예수님이 장차 무슨 일을 하실지 보여주는 중요한 표적이었습니다.

예수님은 부활하시고 나서도 제자들을 먹이셨습니다. 자신들이 따르던 선생의 죽음에 낙망해 엠마오로 가던 두 제자의 이야기는 유명합니다. 여자들이 제자들에게 예수님이 살아나셨다고 증언했으나 그들은 믿지 않았습니다. 그들은 길을 가다가 예수님을 만났어도 전혀 알아보지 못했습니다. 예수님이 성경 말씀을 풀어주실 때 마음이 뜨거워졌음에도 불구하고 여전히 무지 가운데 있었습니다. 예수님이 그들과 함께 음식을 잡수실 때 떡을 들어 축사하고 떼어 주시자 그들은 비로소 눈이 밝아져 예수님을 알아보았습니다. 이 사건은 뒤에 가서 살펴볼 설교와 성찬의 관계를 명확히 보여줍니다.

요한복음 마지막 장에서는 마치 어머니처럼 제자들을 위해 음식을 준비하시는 예수님을 볼 수 있습니다. 예수님은 밤새 고기를 잡느라 고생한 제자들을 위해 친히 숯불과 생선과 떡을 준비하셨습니다. 그뿐 아니라 제자들에게 떡과 생선을 건네셨습니다. 자식들에게 음식을 일일이 먹여주시는 듯한 모습입니다. 이렇게 하신 것은 제자들에게 본을 보이고 교훈을 주시기 위해서였습니다. 식사 후 예수님은 베드로에게

"네가 나를 사랑하느냐"고 물으신 다음, "내 양을 치라"고 세 번이나 분부하셨습니다(요 21:15-17). 부활하신 주님이 제자들을 친히 먹이신 일은, 말씀 사역자가 주님의 양들을 어떻게 돌봐야 하는지 상징적으로 보여줍니다.

마지막으로, 요한계시록에서 라오디게아 교인들에게 말씀하시는 예수님의 음성을 들을 수 있습니다. "볼지어다. 내가 문 밖에 서서 두드리노니 누구든지 내 음성을 듣고 문을 열면 내가 그에게로 들어가 그와 더불어 먹고 그는 나와 더불어 먹으리라"(계 3:20). 주님이 문을 두드리시는 이유가 무엇일까요? 우리가 예수님의 음성을 듣고 문을 열면, 다시 말해 영접하면 그분이 들어오실 테고, 그다음에 무슨 일이 이어질까요? 바로 예수님과 더불어 식사하는 것입니다.

2. 식사: 성찬의 본질

식사가 성경에서 얼마나 중요한 신학적 의미를 갖는지 앞장에서 살펴보았습니다. 그리스도인에게 식사가 이렇게 중요하다면, 오늘 우리는 어디에서 그와 같이 복된 체험을 할 수 있을까요? 주님이 제정하신 성찬보다 확실하게 그리고 구체적으로 그런 체험을 할 수 있는 현장도 없을 것입니다. 부활하고 승천하신 우리 주님이 성찬을 통해 사랑하는 백성들에게 오늘도 하늘의 만나를 먹여주십니다.

성찬은 주님이 베푸신 식사다

성찬은 말 그대로 '거룩한 식사'를 의미합니다. 그렇습니다. 성찬의 본질은 식사입니다! 이것은 아무리 강조해도 지나치지 않으며, 이 책의 가장 중요한 집필 동기이기도 합니다. '성찬'을 영어로 살펴보면 그 말이 지닌 식사의 의미가 더욱 분명해집니다. 성찬을 지칭하는 원래 문구는 '주의 만찬'(the Lord's Supper)입니다. 왕이신 주님이 자기 백성에게 베푸시는 식사가 바로 성찬입니다. 성찬의 본질을 식사로 이해한다면, 성찬에 제대로 참여하여 은혜를 받았다고 생각하는 사람들은 적어도 무언가를 먹는 경험을 하고 배부름을 느껴야 합니다.

그리스도인들이 애송하는 시편 23편은 왕이 베푸는 식사에 대해 노래하고 있습니다. 이 시편의 전반부는 하나님을 목자로 소개합니다. 하나님은 목자처럼 자기 양들을 푸른 초장에 눕게 하시고 잔잔한 물가로 인도하시며 사망의 음침한 골짜기에서도 지키십니다. 그런데 이 시편의 후반부는 여호와 하나님을 일반 목자와는 다르게 묘사합니다. 우리는 이 부분에 주목해야 합니다. 여기에서 여호와 하나님은 원수들의 목전에서 상을 베풀고 기름을 부어 자기 백성을 영화롭게 하십니다. 이런 일은 본래 누가 할까요? 이것은 일반 목자가 아니라 왕이 하는 일입니다. 따라서 시편 23편은 왕이신 목자를 노래한다고 봐야 합니다. 왕이신 하나님이 전쟁에서 승리하여 신하들에게 상을 베풀며 기쁨을 나누시는 내용입니다. 성찬이 주님이 베푸신 식사라면, 시편 23편 후반부야말로 주의 만찬으로서의 성찬이 무엇인지 잘 보여줍니다.

성찬의 본질을 식사로 이해하게 된 것은 종교개혁이 참 교회에 가져다준 큰 선물입니다.

종교개혁 이전에 거짓 교회인 로마가톨릭교회는 성찬을 미사라고 부르면서 성찬의 본질을 희생제사로 이해했습니다. 그들은 미사에서 사용하는 떡과 포도주를 예수님의 실제 살과 피로 이해했습니다. 떡을 뗄 때 예수님의 살이 찢기고, 포도주를 부을 때 예수님의 피가 흐른다고 믿었습니다. 십자가에서 드린 예수님의 희생제사를 오늘날 교회에서 똑같이 드린다고 이해했습니다. 단지 양식(樣式)의 차이만 있다고 보았습니다. 그래서 예수님의 제사는 '피 있는 제사'(bloody sacrifice), 미사는 '피 없는 제사'(unbloody sacrifice)라고 불렀습니다. 예수님이 십자가에서 단번에 유일한 제사를 드리셨지만, 그 제사를 오늘날에도 드려야 죄사함의 은혜를 받을 수 있다고 생각했습니다. 말은 그럴 듯할지 몰라도, 성찬의 본질을 희생제사로 이해함으로써 예수 그리스도의 구속 사역을 욕보이는 죄를 범하고 말았습니다.

 이와는 정반대로 개신교회는 성찬의 본질을 식사로 이해합니다. 희생제사는 우리가 주님께 무언가를 드리는 것이고, 식사는 주님에게서 무언가를 받는 것입니다. 로마가톨릭교회는 우리가 죄사함의 은혜를 받기 위해서는 무언가를 드려야 한다고 생각합니다. 반면, 개신교회는 주님이 주시는 은혜를 받고 다만 감사의 찬송을 부릅니다. 성찬도 어떤 의미에서는 제사라고 할 수 있지만, 그것은 희생제사가 아니라 감사제사입니다.

 성찬의 본질을 식사로 본다면, 지금과 같은 성찬식 분위기는 확실히 달라져야 합니다. 식사는 근본적으로 기쁘고 복된 시간입니다. 흐느껴 우는 것은 성찬식과 어울리지 않습니다. 진정으로 감사하는 마음에서 눈물이 날 수 있으나 그것 역시 기쁨의 눈물이어야 합니다. 성찬식은 십자가의 고통을 묵상하는 시간이 아닙니다. 성찬식은 죽음에서 부활하여 하늘에 오르신 그리스도가 자기 백성에게 영적 음식을 나눠 주는 시간입니다. 그렇다면 성찬식 때 울려 퍼질 찬송은 "얼마나 아프실까?"가 아니라 "즐겁게 안식할 날, 반갑고 좋은 날"이 되어야 합니다. 성찬은 성도들이 하늘에서 내리는 새 양식을 먹으며 함께 즐거워하는 시간이기 때문입니다.

성찬은 성도의 교제다

우리는 매주일 사도신경을 암송하며 성부 성자 성령 삼위 하나님에 대한 믿음을 고백합니다. 하지만 사도신경의 신앙고백에 따라 삼위 하나님을 균등하게 찬송하는 곡은 찬송가에서 찾아보기 어렵습니다. 이는 한국 교회의 신학적 빈곤을 반증합니다. 그러다 보니 사도신경은 신자들에게 일종의 주문처럼 인식되고 말았습니다. 사도신경의 각 항목이 의미하는 바를 정확히 이해하며 신앙고백을 하는 경우가 그리 많지 않다는 뜻입니다.

이 책의 주제인 '성찬'과 관련해 사도신경에서 눈여겨볼 항목은 "성도가 서로 교통하는 것"입니다. 사도신경 한글본에서는 띄어쓰기가 애매해 마치 거룩한 교회와 성도 사이에 교통이 이루어진다는 뜻으로 오해하기 쉬운 대목입니다. 이 부분은 "거룩한 교회와, 성도가 서로 교통하는 것과, 죄를 사하여 주시는 것과, …"와 같이 쉼표로 구분해서 이해해야 합니다. 그러면 '성도의 교통'이 거룩한 교회가 무엇인지 가장 잘 설명하는 표현임을 알 수 있습니다.

그런데 '교통'이라는 말은 무슨 뜻일까요? '교통'보다 쉬운 단어로 '교제'를 들 수 있지만, 교제라는 말에 그 풍성한 의미를 다 담을 수 없는 것이 문제입니다. 보통 '교제' 하면 친목 혹은 친교가 떠오릅니다. "성도들끼리 교제를 잘 합시다"라는 말을 만나서 사이좋게 얘기하고 친하게 어울리자는 의미로 받아들입니다. 좀 더 신앙적으로는, 자주 만나 기도제목을 나누고 신앙의 권면을 하자는 의미로 이해합니다. 물론 이런 일은 성도의 교제에 필요하지만 본질적이지는 않습니다.

사도신경에서 말하는 교제의 의미를 좀 더 세밀하게 살펴볼 필요가 있습니다. 전문 용어를 잠시 언급하자면, 사도신경은 원래 라틴어로 기록되었는데, 성도의 교제에 해당하는 라틴어 문구가 '코뮤니오 상크토룸'(communio sanctorum)입니다. '코뮤니오'는 '서로가 하나 되어 나누는 것'을 의미하고, '상크토룸'은 '거룩한 것' 혹은 '거룩한 사람들'이라는 뜻입니다. 로마가톨릭에서는 '코뮤니오'를 통공(通共)이라는 말로 표현하기도 합니다. 그러나 '상크토룸'이 두 가지로 번역이 가능하기 때문에 이 문구는 '거룩한 자들³의 하나됨' 또는 '거룩한 것에 참여함' 둘 다로 번역할 수 있습니다. 이 둘은 떼어놓고 생각할 수 없으므로 성도의 교제란 '거룩한 자들이 거룩한 것을 통해 하나 됨을 누리는 것'이라고도 할 수 있습니다.

여기에서 말하는 '거룩한 것'이란 무엇일까요? 단적으로 말하면 성례입니다. 로마가톨릭교회와 달리 개신교회에서는 주님이 정하신 세례와 성찬만 성례로 인정합니다. 성도들은 삼위 하나님의 이름으로 세례를 받음으로 그리스도의 한 몸을 이룹니다. 그리스도의 한 몸을 이룬 성도들은 성찬을 통해 그리스도의 살과 피를 먹음으로 하나됨을 누리지요. 이 하나됨은 이 세상에 존재하는 가장 친밀한 교제입니다.

이러한 예를 사도행전 2장에서 명백히 찾아볼 수 있습니다. 오순절 성령 강림으로 성령 충만해진 베드로는 담대하게 복음을 전파했습니다. 그 복음을 듣고 세례를 받은 자가 무려 3천 명이었습니다. 이들은 하나님의 새로운 공동체를 이루었고, 누가의 증언에 따르면 "사도의 가르침을 받아 서로 교제하고 떡을 떼며 오로지 기도하기를 힘[썼]"(행 2:42)습니다. 여기에서 교제를 의미하는 헬라어가 '코이노니아'이고, 이 단어에 해당하는 라틴어가 바로 '코뮤니오'입니다.

이 구절에서 '떡을 떼는 것'과 '교제하는 것'이 나란히 언급되고 있음을 눈여겨보십시오. 교회 안에서 성도의 교제는 성찬을 제외하고는 얘기하기가 불가능하다는 사실을 금세 알 수 있습니다. 오늘날 교회에서 교제에 대한 말은 무성해도 정작 교제가 제대로 이루어지지 않는 이유는, 성찬에 대한 이해가 바르게 정립되어 있지 않기 때문입니다. 쉽게 말해, 그리스도인들이 그리스도의 살과 피를 나누지 않고 어떻게 참된 교제를 누릴 수 있겠습니까?

식사는 교제를 위한 하나의 방편입니다. "언제 같이 밥 한 번 먹자"라는 말을 문자 그대로 밥만 같이 먹는 것으로 받아들이는 사람은 없습니다. 밥을 같이 먹는다는 것에는 식사 자리에 참여하는 이들이 하나가 된다는 뜻이 담겨 있습니다. 예수님은 종종 바리새인들에게 "세리 및 죄인들과 함께 먹는다"(마 9:11, 막 2:16, 눅 15:2)는 비난을 받았는데, 죄인들과 식사를 한다는 것은 그들과 똑같이 죄인이라는 의미였기 때문입니다. 마찬가지로 성도들이 함께 식사를 했다는 것은 말 그대로 한 식구(食口)가 되었다는 말입니다. 그렇습니다. 교회는 주님이 차려주신 상에서 함께 먹고 마시는 한 식구입니다. 그런 점에서 '식사 공동체' 혹은 '밥상 공동체'입니다.

마지막으로, 사도신경의 관점으로 보았을 때 성도의 교제가 성령의 주된 사역이라는 점을 강조하고 싶습니다. 성령은 거룩한 영이십니다. 거룩하고 영으로 존재하십니다. 그러므로 성령의 사역을 크게 두 부분으로 나눌 수 있습니다. 바람 혹은 숨을 뜻하는 영으로서 성령은 신자에게 부활과 영생을 주십니다. 또한 거룩한 분으로서 성령은 거룩한 공교회를 세워가시고, 거룩한 무리인 성도들이 그 교회에서 교제하게 하시며, 죄사함의 은혜를 내리십니다. 이와 같은 틀에서 성찬을 이해한다면 주님이 베푸시는 성찬 속에서 성령이 얼마나 놀라운 일을 행하시는지 알 수 있습니다.

성찬은 언약의 식사다

성찬은 기본적으로 언약적 성격을 띱니다. 예수님은 포도주를 가리켜 "언약의 피"(마 26:28, 막 14:24)라고 말씀하심으로 성찬이 언약의 식사임을 분명히 하셨습니다. 언약의 식사라는 말에는 이 식사에 참여하는 사람이 제한된다는 뜻이 담겨 있습니다. 그리스도와 특별한 관계를 맺은 사람만 식사에 참여할 수 있습니다. 예수님이 성찬을 제정하셨을 때, 오직 열두 제자와 식사를 하셨다는 것은 그런 점에서 의미 있습니다. 예수님은 죄인들뿐 아니라 5천 명이나 되는 무리와도 식사하셨지만, 최후의 만찬은 사도들하고만 함께하셨습니다.

우리도 아무하고나 식사하지 않습니다. 집으로 초대해 식사하는 경우에는 더욱 그렇습니다. 구제의 차원에서 식사 자리를 마련할 수는 있어도 이는 참된 교제의 차원과는 다릅니다. 성찬도 마찬가지입니다. 교회에 들어와 예배에 참석했다고 해서 아무나 성찬에 참여할 수 없습니다. 이것이 설교와 성찬의 중요한 차이 중 하나입니다. 설교는 예배에 참석한 모든 사람을 대상으로 하지만, 성찬은 자신의 신앙을 공동체에서 고백하고 그 고백에 근거해 세례를 받고, 그 교회의 회원이 된 사람만 참여할 수 있습니다.

여기에서 우리는 세례와 성찬이 밀접하게 연관되어 있음을 다시 한번 볼 수 있습니다. 초대 교회에서 세례를 받지 않은 사람들은 별도의 좌석에서 예배를 드렸고, 이들에게는 떡과 포도주가 배분되지 않았습니다. 초대 교회 때부터 세례 교육은 기본적으로 성찬에 참여하기 위한 교육이었습니다. 초기의 예배당 건물을 보면 예배드리는 곳 안에 혹은 바로 옆에 세례단이 있어, 수례자가 세례를 받고 바로 성찬에 참여할 수 있도록 했습니다. 세례를 통해 불신자와 구분되는 언약의 백성이 되는데, 이 언약 백성에게 주어지는 특권이 바로 성찬입니다.

한국 교회에서 세례 교육은 형식적으로 이루어지는 경우가 많습니다. 물론 (제자훈련이라는 이름 아래) 기초 교육은 하지만 가장 중요한 성찬 교육을 제대로 하는 경우가 적습니다. 예배 시간을 고려해 세례와 성찬을 따로 시행할 때가 많다 보니 세례를 받아도 성찬을 통해 그 진정한 의미를 바로 체감할 기회가 별로 없습니다. 그 결과 세례와 성찬 모두가 부실해지고, 교회 안에서 성도의 교제가 잘 이루어지지 않습니다. 교제를 하더라도 사교 모임 수준에 머물고 맙니다.

성찬이 언약의 식사이기는 하지만 성찬에 참여한다고 해서 모든 사람이 저절로 영적 유익을 얻는 것도 아닙니다. 이 점에서 개신교회는 로마가톨릭교회와 차이가 납니다. 가톨릭 교리에 따르면, 성찬에서 축성된 떡과 포도주는 실제로 예수님의 살과 피가 되기 때문에 그것을 먹고 마시기만 해도 하나님의 은혜를 받습니다. 그래서 중세 가톨릭의 한 신학자가 성찬에서 사용된 떡 부스러기를 혹여 쥐가 받아먹었을 때 어떤 효과가 있는지 고민했다는 웃지 못할 이야기가 전해집니다. 반면, 개신교회는 떡과 포도주를 은혜 자체가 아니라 은혜의 수단으로 여깁니다. 성찬에 참여한다고 해서 자동으로 은혜를 받는 것이 아닙니다. 오직 믿음으로 떡과 포도주를 받는 사람만 그 유익을 얻을 수 있습니다.

식사는 기본적으로 주린 자에게 주어지는 최고의 복입니다. 배가 잔뜩 부른 사람에게 식사는 복이 아니라 고문일 뿐입니다. 그래서 주님은 산상수훈에서 가난한 자, 주리고 목마른 자, 박해를 받는 자가 복이 있다고 선언하셨습니다(마 5:1-12). 영적으로 가난하고 배고프고 목마른 자임을 인정하고 오직 주님만 의지하며 주님이 주시는 하늘의 양식을 소망한다면 이 복을 받을 수 있습니다. 성찬에 참여하면서도 아무런 유익도 누리지 못하고 있다면, 스스로를 돌아보아 자신의 가난함과 비참함을 먼저 깨달아야 합니다.

성찬은 잔치다

성찬은 식사라고 했는데, 식사에도 여러 종류가 있습니다. 가볍게 먹는 아침 식사가 있고, 간식이 있고, 갖춰서 먹는 만찬도 있습니다. 만찬 중에서도 가장 푸짐한 식사는 잔치일 것입니다. 얼핏 보기에 성찬은 아침 식사처럼 간소하게 보입니다. 식탁에는 빵과 포도주만 있습니다. 빈약한 식사가 아닐 수 없습니다. 그러나 조금만 깊이 생각해보면 성찬이 아침 식사처럼 간소한 식사가 아님을 유추할 수 있습니다. 포도주가 있기 때문입니다. 빵은 매일 먹는 일용할 양식이지만, 포도주는 일상적으로 먹는 음료수가 아닙니다. 따라서 성찬을 특별한 식사, 즉 잔치로 이해할 수 있습니다.

성찬이 잔치라면 곧 기쁨의 식사라고도 할 수 있습니다. 성찬식 때 우리는 서로 기쁨을 나눕니다. 잔치에서 나누는 기쁨은 참여한 사람들에 근거하지 않습니다. 그 기쁨은 근본적으로 잔치를 베푼 사람에게서 나옵니다. 왜 사람들은 잔치를 베풀까요? 차고 넘치는 기쁨을 다른 사람들과 나누기 위해서입니다. 성찬도 마찬가지입니다. 성찬은 주님이 베푸신 잔치이므로 그 잔치에 참여한 사람들은 주님의 기쁨을 함께 누려야 합니다.

이런 관계를 가장 잘 보여주는 예수님의 세 가지 비유가 있습니다. 모두 누가복음 15장에 나오는 비유이며 각각에 목자, 여인, 아버지가 등장합니다. 목자는 백 마리 양 중 잃어버린 한 마리를 찾습니다. 여인은 열 드라크마 중 잃어버린 동전 하나를 찾습니다. 마지막으로, 아버지는 두 아들 중 잃어버린 한 아들을 찾습니다. 교회에 좀 다닌 사람이라면 수차례 들은 내용일 것입니다. 그런데도 간과하는 부분이 있습니다. 세 주인공이 모두 자신에게 가장 소중한 것을 찾았을 뿐 아니라, 찾은 후에는 몹시 기뻐하며 잔치를 베풀고, 다른 사람들이 그 기쁨에 참여하길 원했다는 것입니다.

성찬도 그와 같습니다. 우리 주님은 자신의 가장 소중한 자들을 구하기 위해 보혈을 흘려 값을 지불하고 그들을 되찾으셨습니다. 그 기쁨이 너무 커서 혼자만 간직할 수 없기에 잔치를 베풀고, 그 기쁨을 우리와 나누길 원하셨습니다. 성찬은 주님이 자신의 기쁨을 나누는 잔치 자리임을 기억해야 합니다.

돌 잔치, 졸업 잔치, 팔순 잔치 등 잔치에도 여러 종류가 있습니다. 그중에서도 가장 기쁜 자리는 혼인 잔치일 것입니다. 성찬식은 이 모든 잔치에서 무엇에 해당할까요? 바로 혼인 잔치입니다. 그리스도는 교회를 신부로 삼으셨습니다. 성찬은 남편되신 그리스도와 신부인 교회가 기쁨을 나누는 잔치입니다. 요한계시록 19장에서 이 같은 장면을 찾아볼 수 있습니다. 천사가 요한에게 "어린 양의 혼인 잔치에 청함을 받은 자들은 복이 있도다"(계 19:9)라고 말합니다. 성찬은 마지막 날에 있을 어린 양의 혼인 잔치를 현재에 미리 맛보는 현장이라고 할 수 있습니다. 그런 의미에서 성찬을 가장 생생한 종말론적 사건으로 보아야 합니다.

혼인 잔치 중에서도 왕의 아들의 결혼식이 가장 성대합니다. 영국 찰스 왕세자와 다이애나 비의 성대한 결혼식은 아직도 세계 많은 사람들에게 세기의 결혼식으로 기억되고 있습니다. 왕세자의 결혼식은 단순히 한 개인의 행사가 아닙니다. 왕이 통치하는 나라에서 정권은 왕에서 왕의 아들로 세습됩니다. 따라서 결혼식은 왕세자 개인의 잔치가 아니라 국가 안보와 직결되는 중대한 사안입니다. 왕의 아들이 결혼을 하지 않겠다고 작정하면 국정은 불안해집니다. 이런 점을 이해해야 마태복음 22장의 비유에서 왕이 진노한 이유를 제대로 이해할 수 있습니다.

예수님이 말씀하신 이 비유에서 한 왕이 자기 아들을 위해 혼인 잔치를 베풀고, 종들을 보내 사람들에게 오라고 청했습니다. 그러나 사람들은 참석하길 싫어했을 뿐 아니라 청하는 종들을 잡아 모욕하고 죽이기까지 했습니다. 이에 진노한 왕은 군대를 보내 살인한 자들을 진멸하고, 그 마을을 불살라버립니다. 왕이 나라를 다스리는 왕정에 대해 모른다면, 왕의 아들의 잔치가 얼마나 중요한지 이해하지 못한다면, 우리 눈에 이 왕은 그저 폭군으로 보일 것입니다.

성찬은 하나님 나라의 관점으로 보아야 합니다. 왕이신 하나님이 아들 예수 그리스도를 위해 베푸신 혼인 잔치가 바로 성찬입니다. 이 결혼식은 하나님 나라가 영원히 번영하는 데 필수 사안입니다. 그러므로 왕자의 혼인 잔치에 참석하길 거절하고 모욕한 자들은 반역자로 간주됩니다. 왕이신 하나님은 진노를 쏟으시고 그들을 멸하실 것입니다. 반대로 혼인 잔치에 참석해 하나님의 왕되심을 인정하고, 그 나라의 영광을 기원한 자들은 하나님이 베푸시는 풍성한 복을 영원토록 누릴 것입니다.

예배를 갱신해야 한다는 목소리가 있습니다. 그중 상당수는 전통적인 예배 순서가 경직되었다고 비판하면서 축제로 즐기는 예배로 회복되어야 한다고 강조합니다. 간단히 말해,

예배는 기쁘고 즐거워야 한다는 것입니다. 아주 지당한 말입니다. 다만 그 기쁨은 과연 어떤 기쁨, 더 나아가 누구의 기쁨일까요? 예배에서 누리는 기쁨은 주님의 기쁨이자 주님이 주시는 기쁨이어야 합니다.

또한 예배가 진정한 축제가 되려면 음악뿐 아니라 음식(떡)과 술(포도주)이 있어야 합니다. 따라서 성찬을 고려하지 않은 채 예배 갱신을 논의해봤자 변죽만 울릴 뿐입니다. 예배를 기쁨의 축제로 회복시키고자 하는 모든 논의는 왕의 아들의 혼인 잔치인 성찬에서 출발해야 합니다.

성찬은 화목을 이루는 자리다

성경에서 식사는 종종 화목의 상징으로 등장합니다. 성찬을 이해할 때, 우리는 예전에 하나님과 원수가 되었던 자들이며 하나님이 베푸신 상에 참여할 자격이 전혀 없었다는 사실을 기억해야 합니다. 그럴 때 우리가 참여하는 성찬이 당연한 것이 아니라 과분한 은혜임을 인식할 수 있습니다.

요셉은 아버지 야곱에게 총애를 받았고, 이 때문에 형들의 시기와 미움을 받아 이집트에 종으로 팔려 갔습니다. 한 아버지 아래에서 태어난 형제들이 원수지간이 된 것입니다.

때가 되어 하나님은 요셉을 높여 이집트의 총리가 되게 하셨습니다. 기근을 맞아 형제들이 이집트로 양식을 얻으러 왔을 때, 요셉은 그들과 화목을 이루었습니다.

형제들이 그의 동생 베냐민을 데리고 왔을 때, 요셉은 "자기 음식을" 그들에게 주며 잔치를 베풀었습니다. 형제들이 요셉의 정체를 아직 눈치채지 못했을 때, 요셉이 베냐민에게 다섯 배나 많은 음식을 주었지만 형들은 이전처럼 시기하는 대신에 오히려 요셉과 함께 즐거워했습니다(창 43:34). 요셉이 원수 같은 형들을 용서하고 다시 형제로 받아들여 화목하지 않았다면 결코 연출될 수 없는 장면이었습니다.

이같이 식사가 원수와 화해하는 데 활용된 중요한 사례를 다윗에게서도 찾아볼 수 있습니다. 왕이 되기 전 다윗은 사울과 줄곧 적대적인 관계로 지냈습니다. 사울은 온갖 수단을 동원해 다윗을 죽이려고 했습니다. 사울과 아들 요나단이 블레셋과의 전투에서 사망하면서 적대 관계는 종식되는 듯했지만, 넷째 아들 이스보셋이 이스라엘 왕이 되어 다윗을 대적했습니다. 결국 이스보셋마저 사망하면서 다윗은 왕위에 올랐지만, 사울의 가문은 여전히 다윗에게 잠재적인 위협이었을 것입니다. 왕조가 바뀌면 이전 왕조의 집안, 특히 왕의 후손은 씨를 말리는 것이 일반적인 관행이었습니다. 하지만 다윗이 모든 대적을 물리치고 왕위에 올랐을 때, 당시 관행과는 달리 요나단과 맺었던 언약을 근거로 사울 집안 사람들에게 은혜를 베풀었습니다.

요나단의 아들 므비보셋은 어렸을 때 피난 중에 유모 품에서 떨어져 다친 뒤로 두 다리를 절었습니다. 다윗은 므비보셋에게 은혜를 베풀어 사울에게 속했던 토지를 돌려주었습니다. 그뿐 아니라 자신이 먹는 상에서 왕자들과 함께 먹을 수 있도록 했습니다. 이 말을 들은 므비보셋은 "이 종이 무엇이기에 왕께서 죽은 개 같은 나를 돌아보시나이까"(삼하 9:8) 하며 감격했습니다.

하나님의 백성들 사이에서만 식사가 화목하는 자리가 된 것은 아닙니다. 열왕기하 6장을 보면, 원수지간이었던 아람과 이스라엘이 화목을 이루는 과정이 나옵니다. 아람은 이스라엘을 공격했지만 번번이 실패합니다. 그 이유를 알아보니 선지자 엘리사가 하나님의 도움으로 미리 군사 동향을 파악해 이스라엘 왕에게 알려주었기 때문입니다. 아람 왕은 엘리사를 잡지 않고서는 이스라엘을 이길 수 없다고 판단해, 그가 머무는 도단성으로 말과 병거와 많은 군사를 보내 성을 포위합니다. 하지만 엘리사는 하나님께 기도하여 그들의 눈을 어둡게 만들고, 아람 군사들을 사마리아성 한가운데로 이끌고

갑니다. 어두웠던 눈이 밝아지고 나서야 아람 군사들은 자신들이 독 안에 든 쥐 신세가 되었음을 압니다.

아람 군사들을 전멸시킬 절호의 기회를 맞은 이스라엘 왕이 엘리사에게 "내 아버지여, 내가 치리이까? 내가 치리이까?"라고 물으며 조급한 마음을 드러냅니다. 그러나 엘리사는 오히려 떡과 물을 그들 앞에 두어 먹고 마시게 한 다음 주인에게 돌려보내라고 말합니다. 성경은 그 다음에 일어난 일을 다음과 같이 증거합니다. "왕이 위하여 음식을 많이 베풀고 그들이 먹고 마시매 놓아보내니 그들이 그들의 주인에게로 돌아가니라. 이로부터 아람 군사의 부대가 다시는 이스라엘 땅에 들어오지 못하니라"(왕하 6:23).

앞서 언급한 세 번의 식사는 화목을 이루는 성찬을 강력하게 증거합니다. 주님이 베푸신 식사, 즉 성찬이야말로 죄로 인해 하나님과 원수되었던 우리가 어떻게 화목하고, 하나님께 은혜를 받게 되었는지 가시적으로 증거합니다. 우리는 그리스도의 피로 죄 사함을 얻었을 뿐 아니라 하나님의 양자로 입양되어 아들로서 모든 특권을 누리게 되었습니다. 우리는 성찬에 참여하여 주님이 베푸신 식사를 함께 즐기는 가운데 그분의 약속이 빈말이 아니었음을 확신하게 됩니다.

성찬이 그리스도가 원수되었던 자들에게 허락하시는 화

목의 선물이라면 이 선물은 점차 확대되어야 합니다. 먼저 신자는 형제들에 대한 미움이나 시기, 질투를 내려놓아야 합니다. 그런 마음을 가지고 어떻게 한 상에서 함께 먹고 마실 수 있겠습니까?

더 나아가 우리의 식사는 세상을 향해야 합니다. 우리끼리만 즐기라고 주님이 이 잔치를 허락하신 게 아닙니다. 주님은 세상에서 택하신 백성들이 이 자리에 참여하길 원하십니다. 복되고 기쁜 잔치 소식을 세상에 전하고, 그들이 이 자리에 참여하도록 초대해야 합니다. 이 일은 이미 성찬에 참여하여 화목의 기쁨을 누리는 자들만 할 수 있습니다.

3. 그리스도의 몸을 어떻게 먹는가?

종교개혁 당시 성찬의 본질뿐 아니라 본질을 설명하는 방식을 놓고 많은 논쟁이 벌어졌습니다. 실제로 이 둘은 떼어놓고 생각할 수 없습니다. "이것은 내 몸이다"라는 주님의 말씀을 먼저 해석해야 그 몸을 어떻게 먹는지 설명할 수 있기 때문입니다. 따라서 성찬에서 "무엇을 먹는가"는 "어떻게 먹는가"라는 질문과 떨어질 수 없습니다. "어떻게 먹는가"는 우리가 "그리스도와 어떻게 연합하며 어떤 교제를 누리는가"에 관한 질문이기도 합니다. "그리스도의 몸이 우리에게 구체적으로 어떤 유익을 어떤 식으로 주는가"라는 질문으로 바꿔 물을 수도 있습니다. 그리스도와의 연합을 구원의 본질로 규정한다면, 여기에서 제기된 질문들은 우리의 구원에 중요한 사안이 됩니다.

"이것은 내 몸이니라"(마 26:26, 막 14:22, 고전 11:24)는 예수님의 선언은, 오늘날 신자들이 아무리 열심히 성경을 읽더라도 쉽게 해석할 수 있는 내용이 아닙니다. QT의 한계성이 이런 구절에서 확실히 드러납니다. 그 해답은 교회사에서 찾을 수밖에 없습니다. 물론 우리는 그리스도의 말씀을 다 이해하지 못하더라도 믿음으로 받아들일 수 있습니다. 성찬의 신비를 모른다 해서 성찬의 유익을 받지 못하는 것은 아닙니다. 그러나 일단 믿음으로 받아들였을지라도 우리가 가진 신앙을 최대한 체계적으로 다른 사람에게 설명할 필요가 있습니다. 사람의 지식과 언어의 한계를 인정하더라도 성찬의 신비에 침묵해서는 안 되는 이유는, 그리스도의 말씀을 왜곡하는 자들로부터 자신을 지켜야 하기 때문입니다.

성찬의 본질과 방식에 대해 설명하려면 성경 해석뿐 아니라 교회 전통, 철학적 논증까지 다루어야 하므로 그 양이 방대합니다. 여기에서는 성도들이 반드시 알아야 할 기본적인 내용을 중심으로 성찬에 대한 몇 가지 신학적 이론을 살펴보겠습니다.

화체설: 우상 숭배

예수님은 최후의 만찬에서 떡을 들어 축복하시고 떼어 제자들에게 주시며 "이것은 너희를 위하는 내 몸이니"(고전 11:24)라고 말씀하셨습니다. 이 말씀은 도대체 무엇을 의미할까요? 로마가톨릭교회는 이 말씀을 문자 그대로 받아들여야 한다고 주장합니다. 떡이 실제로 예수님의 살이라는 것입니다. 그렇지 않으면 예수님이 거짓말을 하신 셈이고, 우리가 먹는 떡은 일반 떡과 다를 바 없기 때문에 실제로 아무런 유익이 없게 된다고 봅니다.

그런데 우리 눈에 분명 떡으로 보이는 것이 어떻게 실제로 예수님의 살이 될 수 있을까요? 그들은 이 질문에 대한 답변으로 화체설(化體說, transubstantiation)이라는 교리를 만들어 냈습니다. 화체설이란 본질 혹은 본체(substance)가 바뀌었음을 뜻합니다. 성찬식 때 먹는 떡의 본질이 바뀌어 더이상 떡이 아니라 예수님의 살이 되었다는 논리입니다. 이러한 가톨릭 교리를 개신교인들은 받아들이지 않습니다. 로마가톨릭교회의 입장에서 보면 개신교인들은 믿음이 부족한 자들입니다. 예수님의 말씀을 문자 그대로 받아들이지 않기 때문입니다.

화체설을 좀 더 쉽게 설명해보겠습니다. 여기에 물이 있습니다. 물은 세 가지 현실태(actuality), 즉 액체, 수증기, 얼음으로 존재합니다. 이 경우에 물은 본질이 아니라 양태가 변한 것입니다. 그런데 로마가톨릭교회는 그 반대의 변화도 가능하다고 주장합니다. 양태는 변하지 않으면서 본질이 변할 수 있다는 것입니다. 겉모습은 떡 그대로지만 그 떡 속에 있는 본질이 그리스도의 살로 변한다는 주장이 화체설입니다. 로마가톨릭교회에서는 축성된 떡을 더이상 떡이 아니라 예수님의 실제 살이라고 생각합니다. 화체설이야말로 "이것은 내 몸이니라"는 예수님의 선언을 가장 정확하게 설명한다고 주장합니다.

그러나 이러한 반성경적 교리로 교회 내에 수많은 미신이 양산되었습니다. 떡과 그리스도의 몸을 동일시하다 보니 신자들이 보이는 떡에 지나치게 관심을 쏟게 되었습니다. 떡 앞에서 그리스도께 하듯 절하거나 무릎을 꿇고 경의를 표했습니다. 성찬식에서 사용하고 남은 떡은 그리스도의 몸이므로 때때로 소중하게 보관했습니다.

다음은 가톨릭 방송에서 제가 직접 들은 한 신부의 이야기입니다. 어떤 가톨릭 신자가 병이 들었는데 비위가 너무 약했습니다. 그는 아픈 몸을 이끌고 미사에 참석했지만 성찬 떡

조차 제대로 씹어 넘길 수 없었습니다. 그러자 신부가 떡을 물에 으깨어 먹였습니다. 신자는 그것마저 소화할 수 없어 토하고 말았습니다. 신부가 어떻게 했을까요? 그는 신자가 게운 떡을 긁어모아 자기가 대신 먹었다고 했습니다. 그런 신부의 모습을 보며 다른 신자들은 무슨 생각을 했을까요?

화체설이 참 교리라면 신부의 행동에 사람들은 감동을 받았을 것입니다. 하지만 화체설이야말로 우상 숭배가 무엇인지 여실히 보여줍니다. 하나님이 정하지 않으신 방식으로 하나님을 섬기는 것도 우상 숭배입니다. 이런 우상 숭배의 대표적인 사례는 광야에서 이스라엘이 섬겼고, 여로보암이 북이스라엘에 다시 도입했던 금송아지였습니다. 당시 아론이 금송아지를 만들자 백성들은 "이는 너희를 애굽 땅에서 인도하여 낸 너희의 신이로다"(출 32:4)라고 선언했습니다. 이스라엘 백성은 금송아지에 절하면서도 자신들이 여호와 하나님을 섬기고 있다고 착각했을 것입니다. 그러나 실제로 그들이 섬긴 것은 하나님이 아니라 금송아지가 상징하는 돈과 힘이었습니다.

종교개혁가들은 로마가톨릭교회가 그리스도를 경배한다고 말하지만 실제로는 떡을 숭배하고 있으며, 이는 명백한 우상 숭배라고 비판했습니다. 이렇게 예배가 우상 숭배로 변질

되고 타락하자 참된 신자들은 그 거짓된 교회에서 나올 수밖에 없었습니다. 보통 종교개혁의 원인을 이신칭의 같은 교리에서 찾지만, 보다 근본적인 문제는 교리가 아니라 예배에 있었습니다. 종교개혁가들은 하나님을 참되게 예배하기 위해 거짓된 로마가톨릭교회를 떠날 수밖에 없었습니다.

상징설: 미흡한 합리주의

로마가톨릭의 화체설에 맞서 스위스의 종교개혁가 츠빙글리는 떡은 단지 예수 그리스도의 살을 '상징'할 뿐이라고 주장했습니다. "이것은 내 몸이니라"는 예수님의 말씀을 "이것은 내 몸을 의미한다"로 해석했습니다. 더 정확히 말해, "이것은 내 몸은 아니며 단지 내 몸을 가리킨다"로 이해했습니다. 이 해석은 로마가톨릭교회뿐 아니라 루터파에게도 신랄한 비판을 받았습니다. 예수님의 말씀을 정반대로 해석한 데다가 예수님을 거짓말쟁이로 만들어버렸다고 보았기 때문입니다.

츠빙글리 같은 이들은 떡이 예수님의 살을 상징하는 표현이라고 생각했습니다. 상징으로 쓰인 떡이야말로 성찬의 본질을 가장 잘 설명한다고 주장했습니다.

결혼식 때 찍은 사진을 예로 들어보겠습니다. 결혼식 사진 자체는 결혼식이 아닙니다. 단지 과거의 결혼식을 보여줄 뿐입니다. 그러나 그것을 보는 당사자는 과거의 기뻤던 순간을 회상하며 즐거워합니다. 그에게 기쁨을 주는 것은 사진 자체가 아니라 결혼식에 관한 기억입니다. 츠빙글리에게 성찬식도 마찬가지였습니다. 신자들은 떡을 먹으면서 그리스도가 죽으신 일을 회상합니다. 결국 성찬식에서 각자의 믿음을 통해 그리스도를 영접하고 영적 유익을 누리는 것이지, 떡을 통해 어떤 실제적 유익을 얻는 것은 아니라는 논리입니다.

아마도 오늘날 거의 대부분의 신자들은(거의 대부분의 장로교회 교인들도) 알게 모르게 츠빙글리의 견해를 따르고 있을 것입니다. 아니, 어쩌면 츠빙글리의 견해에 미치지 못한다고 볼 수 있습니다. 한국 교회에서 성찬식은 하나의 거룩한 예식 혹은 한편의 드라마로 인식되고 있습니다. 그렇게 성찬식의 의미가 희석되면 성찬식을 반드시 해야 할 이유가 사라집니다. 필요를 느낄 때 가끔 시행하는 그저 그런 예식이 되고 맙니다. 실제로 성찬식을 매주 혹은 자주 시행하지 않는다고 해서 신앙에 문제 있다고 생각하는 신자가 몇이나 될까요?

상징설의 가장 큰 한계는 성찬의 신비를 제거했다는 데 있습니다. 성찬의 신비를 지나치게 합리적으로 설명해버렸습니다. 그 결과 성찬은 은혜의 수단으로 하나님이 행하시는 사역이 아니라 사람이 하는 행사가 되었습니다. 상징설은 화체설과 달리 성찬에 대한 거짓된 설명은 아닙니다. 그렇다고 충분한 이론도 아닙니다. 성찬을 설명하기에 너무나 빈약합니다. 제대로 이해하지 못한 채 성찬에 계속 임한다면 그 풍성한 유익을 제대로 받지 못하게 됩니다. 무엇보다 하나님 중심이 아니라 사람 중심의 신앙 태도가 조성될 우려가 많습니다. 성찬을 주님이 시행하시는 은혜의 수단이 아니라 우리가 느껴야 하는 경험이나 감정으로 삼게 되기 때문입니다. 성찬에서 내가 어떻게 느끼고 경험하는지가 가장 중요한 일이 되고 맙니다.

공재설: 그리스도의 몸을 오해함

성찬에 대한 츠빙글리의 해석은 개신교 진영에서도 전적인 환영을 받지 못했습니다. 공동의 적 로마가톨릭교회에 대항하기 위해 1530년 독일 마부르크에서 루터파와 츠빙글리파가 만나 교회의 일치를 이루기 위한 협상을 시도한 적이 있었습니다. 그러나 다른 모든 조항에서는 완전한 합의를 이루었지만, 성찬에서는 전혀 다른 이해를 보인 탓에, 하나의 교회를 이루려는 개신교인들의 소망은 물거품이 되고 말았습니다. 루터는 로마가톨릭교회의 화체설을 단호히 거부했지만 츠빙글리의 상징설도 그에 못지않게 정죄했습니다. 루터는 츠빙글리가 성찬에서 그리스도의 육체적 임재를 무시했다고 보았습니다.

루터의 성찬론을 바로 이해하려면 그의 기독론을 잘 이해해야 합니다. 기독교회는 예수님을 참 하나님인 동시에 참 사람으로 고백했습니다. 그러나 한 인격체가 본질적으로 어떻게 전혀 다른 두 본성을 취하는지 설명하기란 쉽지 않았습니다. 어떤 이들은 그리스도의 신성을 강조했고, 어떤 이들은 그리스도의 인성을 강조했습니다. 오래전 기나긴 신학 논쟁을 거쳐 칼케돈 공의회(Council of Chalcedon, 451년)에서 그리스도의 양성(신성과 인성)은 혼합되지 않고, 변화되지 않고, 분리되지 않고, 분할되지 않는다는 교의를 확립했습니다. 하지만 이 신조는 그리스도가 지닌 두 본성의 관계에 대해 "이것이다"라는 식으로 적극적으로 정의하기보다 "이것은 아니다"라는 식으로 소극적으로 정의했습니다.

루터는 칼케돈 신조를 따르면서도 그리스도의 양성 일치를 강조하기 위해 두 본성이 서로 교류한다는 전통적인 견해를 받아들였습니다. 이것을 '속성의 교류'(*communicatio idiomata*)라고 부릅니다. 그리스도의 신성과 인성은 분리되지 않고 상호간의 교통을 통해 하나됨을 유지한다는 견해입니다. 그리스도의 인성이 신성에 전달되고 신성이 인성에도 전달되기 때문에, 그리스도의 신성이 있는 곳에는 그리스도의 인성도 있다는 결론에 도달하게 됩니다. 속성의 교류를 통해 그리스도의 인성은 어디에나 실제로 존재할 수 있게 됩니다. 이것을 편재설(ubiquity)이라고 부릅니다.

예수 그리스도가 하늘 보좌 우편에만 계시고, 사람들과는 오직 성령으로만 함께하신다고 생각하는 한국 개신교인들에게 루터파의 이 교리는 생소하기 그지없습니다. 루터파는 그리스도의 인성이 하늘에 갇혀 있거나 하늘의 특정 장소에 제한되어서는 안 된다고 주장합니다. 그러면 그리스도의 몸이 주는 유익을 지상에 있는 성도가 누리지 못하고, 성도의 구원은 부분적인 구원이 될 수밖에 없기 때문입니다. 우리가 온전한 구원을 받기 위해서는 그리스도의 신성과 인성 모두가 주는 구원의 은덕을 함께 받아야 합니다.

루터파의 기독론을 성찬에 적용시키면, 그리스도의 몸은 비록 하늘에 있지만 그분이 지닌 신성을 통해 성찬상에 차린 떡에도 임할 수 있게 됩니다. 화체설과는 다르게 떡은 떡일 뿐이지만 일반적인 떡과는 구분됩니다. 그 떡 '속에,' 떡 '위에,' 떡과 '함께' 그리스도의 몸이 임재하시기 때문입니다. 그래서 루터파의 성찬 교리를 공재설(共在說, consubstantiation)이라고 부릅니다. 우리는 예수님이 선언하신 대로 성찬상에 차린 떡을 가리켜 "이것은 그리스도의 몸이니"라고 분명히 말할 수 있습니다. 떡을 가리킬 때는 떡뿐 아니라 (비록 우리 눈에 보이지는 않지만) 떡과 함께 있는 그리스도의 몸도 동시에 가리키기 때문입니다. 로마가톨릭교회의 화체설에 따르면 신자들은 그리스도의 몸만 먹지만, 공재설에 따르면 떡과 함께 그리스도의 몸도 같이 먹습니다.

상징설에 오랫동안 익숙했던 한국 개신교인들은 가톨릭의 화체설이나 루터의 공재설이 생소하게 들릴 것입니다. 반면, 가톨릭 교인들이나 루터파 교인들은 한국 개신교인들이 성찬을 피상적으로 이해할 뿐 아니라 경홀히 여긴다고 생각할 것입니다. 결국 이 차이는 "그리스도를 어떻게 볼 것인가", 특별히 "그리스도의 몸을 어떻게 볼 것인가" 하는 문제에서 비롯됩니다. 루터파의 공재설은 궁극적으로 그리스도의 몸에 대한 오해에 근거합니다. 루터파 신자들은 그리스도의 몸 자체에 신비한 능력이 있다고 생각했습니다. 부활하신 그리스도의 몸은 어떤 의미에서는 특별하지만 그것을 지나치게 강조해서는 안 됩니다. 그럴 경우 성령이 설 자리가 없어지기 때문입니다. 성령의 사역을 이해하지 못한 채 그리스도의 몸을 온전히 이해하기란 불가능합니다. 그리스도의 몸에 대한 루터파의 오해는 성령의 신비한 사역을 제대로 간파한 개혁파 신학자들에 의해 극복될 수 있었습니다.

영적/실재적 임재설: 성령의 놀라운 사역

보통 칼뱅의 성찬 이론을 '영적 임재설'이라고 부릅니다. 그런데 이 이론을 제대로 설명할 수 있는 사람이 그리 많지 않습니다. 설명을 듣다 보면 상징설과 본질적으로 차이가 없는 것처럼 느껴지기도 합니다. 특히 "무엇이 임하는가?"라는 질문에 시원하게 답변하지 못합니다. 심지어 그리스도의 영혼이 떡에 임한다고 설명하는 경우도 적지 않습니다.

종교개혁 제2세대인 칼뱅은 루터파와 츠빙글리파의 일치를 소망했습니다. 그러자면 성찬에 대해 양측이 모두 공감할 수 있는 견해를 제시해야 했습니다. 먼저 칼뱅은 양측이 모두 성찬에 대한 성경적 가르침에 충실하지 못하다고 판단했습니다. 특히 성찬에서 성령의 역할이 간과되고 있다고 보았습니다. 칼뱅에게 성령은 그리스도와 신자를 연결하는 끈입니다. 성찬에서도 그러합니다. 성찬에서 신자는 성령의 사역을 통해 하늘에 계신 그리스도와 참된 교제를 이룹니다. 영적 임재설에서 '영적'이라는 말이 무엇보다 성령의 사역을 의미한다는 점을 기억해야 합니다.

칼뱅은 '임재'를 일반적으로 알려진 개념과 정반대로 해석합니다. 그 당시 신자들은 대부분 하늘에 계신 그리스도가 이 땅에 내려오시는 것을 임재로 이해했습니다. 화체설과 공재설도 이와 같은 인식을 공유합니다. 그러나 칼뱅은 그런 견해가 오히려 승천하여 존귀하게 되신 그리스도를 다시 이 땅으로 끌어내리는 일이라고 비판합니다. 칼뱅에 따르면, 이는 영화롭게 되신 그리스도를 욕보이는 것이나 마찬가지입니다. 따라서 정반대로 이해해야 한다고 주장합니다. 그리스도가 이 땅으로 내려오시는 게 아니라 땅에 있는 우리가 하늘로 들려 그리스도의 임재 속으로 들어가는 것입니다. 그는 이것이 참된 임재라고 말합니다. 칼뱅의 성찬론에서는 승천 교리가 결정적으로 중요한 역할을 합니다.

영적 임재설에서 가장 중요한 오해는 '영적' 임재를 '실재적' 임재의 반대 개념으로 이해하는 데서 비롯됩니다. 그럴 경우 영적 임재는, 츠빙글리가 받아들였던 상징적 혹은 비유적 임재와 다를 바가 없습니다. 결과적으로 성찬에서 그리스도가 실재로 임한다는 개념이 상당히 약화될 수밖에 없습니다. '영적' 임재는 '실재적' 임재의 반대 개념이 결코 아닙니다.

영적 임재의 반대 개념은 육체적 임재입니다. 다시 한번 강조하지만, 성찬에서 우리는 오직 그리스도의 영과 교제하는 것이 아닙니다. 그리스도의 참된 몸과도 교제합니다. 성찬에서 그리스도의 몸은 성령의 사역을 통해 실재로 임합니다. 다만 육체적으로 임하지 않을 뿐입니다. 칼뱅의 '영적' 임재설을 보다 정확하게 표현하자면 '성령적/실재적' 임재설이라고 할 수 있습니다.

칼뱅은 이 교리를 보다 잘 설명하기 위해 태양과 식물을 비유로 들었습니다. 식물은 태양이 없으면 살 수 없지만, 그렇다고 태양이 가까이 다가오면 불타버립니다. 식물은 태양에서 오는 빛을 먹고 자랍니다. 마찬가지로 그리스도인들은 그리스도의 몸에서 나오는 모든 영적 유익을 성찬에서 실재로 누립니다. 이것은 순전히 영적인 일만도 아닙니다. 비유적이거나 상징적인 일은 더욱 아닙니다. 성찬에서 우리 영혼이 누리는 영적 유익은 실재적이며, 이 점은 아무리 강조해도 지나치지 않습니다.

칼뱅의 견해를 실제로 적용해보겠습니다. 성찬식에서 과연 어떤 일이 일어나는 걸까요? 성찬식에 참여한 성도들의 영혼은 한몸을 이루어 성령의 사역을 통해 하늘로 들려 올라갑니다. 그런 다음 하늘에 계신 그리스도의 임재 속으로 들어갑니다. 성령 하나님은 부활하고 승천하신 그리스도의 몸에서 나오는 영혼의 양식을 성도들에게 나눠 주시고, 성도들의 영혼은 믿음으로 그 양식을 받아 먹습니다. 이것은 이성으로 이해할 수 없는 신비입니다. 그러나 성경적인 가르침이기에 오직 믿음으로 받아들일 수 있습니다.

개혁파 신학자 중에는 칼뱅의 견해가 지나치다고 비판한 사례가 적지 않았습니다. 그러나 성령의 사역을 충분히 이해하지 못했기에 그런 비판을 합니다. 칼뱅의 성찬에 대한 풍성한 교리를 제대로 이해하려면, 먼저 성령의 놀라운 사역부터 이해해야 합니다. 칼뱅은 특별히 성찬론에서 '성령의 신학자'라고 부를 수 있습니다. 성령의 사역을 올바로 이해하지 못한 채 성찬의 신비를 설명하려는 모든 시도는 첫 단추를 잘못 끼우는 것입니다. 성찬론이야말로 개혁교회(장로교회)가 얼마나 풍성한 성령론을 가르치고 있는지 잘 보여줍니다.

경이로운 그리스도의 몸: 육체적, 신비적, 성례전적 몸

일반적으로 신자들은 몸을 그다지 중요하게 생각하지 않습니다. 특히 영혼과 대비해서 그렇습니다. "영혼과 몸 중에 어느 것이 더 중요한가"라는 질문에 대부분이 영혼이라고 대답할 것입니다. 어느 정도 이해는 되지만, 이런 생각이 지나쳐 몸을 소홀히 여기거나 무가치한 것으로 치부한다면 문제입니다. 실제로 이런 생각은 교회 역사 속에서 끊임없이 이어져 왔으며, 초대 교회 이후로 교회를 위협해온 이단인 영지주의가 대표적입니다. 그들은 육체를 악하다고 단정짓고, 영혼이 몸에서 해방되는 것이 구원이라고 주장했습니다. 이런 인식 속에는 창조주 하나님, 그리스도의 성육신, 몸의 부활 같은 기독교의 근본적인 진리가 들어설 자리가 없습니다.

이것이 얼마나 잘못된 인식인지는 우리 주님이 몸을 취하셨다는 단 하나의 사실만으로 간단히 증명할 수 있습니다. 바울 사도도 "너희 몸은 너희가 하나님께로부터 받은 바 너희 가운데 계신 성령의 전인 줄을 알지 못하느냐. 너희는 너희 자신의 것이 아니라 값으로 산 것이 되었으니 그런즉 너희 몸으로 하나님께 영광을 돌리라"(고전 6:19-20)고 명하며 성도의 삶에서 몸의 중요성을 강조합니다.

성경이 몸에 대해 분명히 가르치고 있는데도 불구하고, 영지주의는 알게 모르게 교회에 여러 방식으로 영향을 미쳤습니다. 그 결과 이른바 '성속 이원론'이 신자들의 삶에 깊이 뿌리내리고 말았습니다. 쉬운 예를 들자면, 영혼을 위해 전도하고 기도하고 성경 읽는 것은 귀하게 보면서, 몸을 위해 돈을

버는 것은 부수적인 일로 여겼습니다.

　주님이 몸을 취하셨다는 사실은 식사인 성찬을 이해하는 데도 매우 중요합니다. 주님이 이 땅에 오면서 취하신 몸은 우리의 몸과 같지만, 그럼에도 근본적인 차이가 있습니다. 그분의 몸이 신자를 위한 양식과 음료가 되기 때문입니다. 그 사실을 요한복음에서 훨씬 더 구체적으로 확인할 수 있습니다. 요한복음 1장에 따르면, 생명은 성육신하기 이전에 말씀으로 존재하시는 성자 하나님 안에 있었습니다. 그 말씀이 정한 때에 따라 육신을 취하셨습니다. 그렇다면 이제 생명은 성육신하신 그리스도 안에 있는 것입니다. 그래서 예수님은 자신을 가리켜 "내가 곧 길이요 진리요 생명이니"(요 14:6)라고 말씀하셨습니다.

　성육신하신 이후 그리스도의 몸이 생명의 근원이 되었다는 사실은, 그분의 몸이 왜 우리에게 생명의 떡이 되는지 잘 설명해줍니다. 예수님이 오병이어의 기적을 베푸셨을 때, 사람들은 그 의미를 잘 알지 못했습니다. 그들 대부분은 단지 예수님이 배고픔을 채워주셨기에 그분을 따라다녔습니다.

　그들에게 예수님은 자신이 생명의 떡이요 하늘에서 내려온 떡이라고 말씀하시며 오병이어의 의미를 분명히 가르치셨습니다. 이 말을 들은 유대인들은 비아냥거렸습니다. "이는 요셉의 아들 예수가 아니냐. 그 부모를 우리가 아는데 자기가 지금 어찌하여 하늘에서 내려왔다 하느냐"(요 6:42). 예수님은 자신이 왜 하늘에서 내려온 떡인지 이유를 설명하십니다. 또한 자신은 하늘에서 내려온 살아 있는 떡이므로 사람이 이 떡을 먹으면 영생을 얻게 된다고 말씀하셨습니다. 자신이 주는 떡은 곧 세상의 생명을 위한 자신의 살이라는 말씀도 하셨습니다.

유대인들은 "이 사람이 어찌 능히 자기 살을 우리에게 주어 먹게 하겠느냐"(요 6:52)며 서로 논쟁을 벌였습니다. 심지어 제자들도 "이 말씀은 어렵도다. 누가 들을 수 있느냐"(요 6:60)라고 수군거렸습니다. 예수님은 더이상 자세히 설명하지 않으셨습니다. 더 자세히 설명할 수 없을 뿐 아니라 설명하더라도 그들이 납득하지 않았을 것이기 때문입니다. 그리고 이 '어려운' 말은 오직 믿음으로 받아들일 수 있다고 지적하셨습니다. 그날 이후로 제자들 중에서 많은 사람이 떠나가고 다시는 예수님과 함께 다니지 않았습니다.

이상은 요한복음 6장에 기록된 예수님의 가르침, 그리고 그 가르침에 대한 유대인들과 제자들의 반응입니다. 오늘날 우리는 예수님이 생명의 떡이라는 진리를 쉽게 받아들입니다. 다만 대개는 예수님이 생명의 떡이라고 불리는 이유가 우리에게 생명의 떡을 나눠 주시기 때문이라고 생각합니다. 그러나 그렇지 않습니다. 그것은 오해이고, 예수님은 우리의 오해를 바로잡길 원하십니다. 예수님은 자신이 생명의 떡인 이유는, 그 떡이 곧 자신의 살이기 때문이라고 밝히셨습니다.

예수님의 말씀을 제대로 들었다면, 그 말씀을 이해하기가 결코 쉽지 않을 것입니다. 그 말씀을 이해하기 쉽다고 말하는 사람이 있다면 자기 편한 대로 받아들인 것이 분명합니다. 예수님의 말씀을 비유나 상징적인 의미로 간단히 정리해버리는 것입니다. 그러면 어려울 게 없습니다. 예수님의 살도 진짜 살을 의미하는 게 아니라고 단정합니다. 아니면 이성적 판단에 근거해 유대인처럼 "아무리 능력 있는 예수님이라지만 어떻게 자기 살을 우리에게 주어 먹게 할 수 있는가?"라는 질문을 던집니다.

예수님은 최대한 쉽게 우리가 이해할 수 있는 데까지 "생명의 떡"에 대해 설명하셨습니다. 그렇더라도 우리는 그분의 설명을 완벽하게 이해할 수는 없습니다. 이제 필요한 것은 '믿음'입니다. 이해되지 않는다고 그 말씀을 우리 마음대로 해석해서는 안 되고 거부해서도 안 됩니다. 예수님이 하신 말씀을 최대한 있는 그대로 받아들여야 합니다. 그것이 믿음입니다. 그리스도의 살을 먹어야 영생을 누린다는 것은 오직 믿음을 통해 받아들일 수 있습니다.

그리스도의 몸은 우리와 같은 몸이지만 모든 면에서 똑같지는 않습니다. 그분의 몸은 죄로 오염되지 않은 순결한 몸이었습니다. 그럼에도 그분의 몸은 십자가에서 찢기고 피를 쏟았습니다. 그분의 몸은 숨이 끊어졌고 무덤에 들어갔습니다. 그러나 하나님은 그분의 몸이 썩는 것을 허락하지 않으셨고, 그 몸을 소생시켜 하늘로 들어 올리셨습니다. 이제 그 몸은 가장 영화롭고 존귀한 하나님의 보좌 우편에 있습니다. 1세기 유대인들에게 그리스도의 몸은 그들 바로 옆에 있었지만, 21세기를 살아가는 신자들에게 그리스도의 몸은 하늘 보좌 옆에 있습니다. 우리가 먹어야 할 양식은 죽으셨을 뿐 아니라 부활하여 하나님 아버지 우편에 있는 그리스도의 몸입니다.

하늘 높이 계신 그리스도의 몸을 누가 먹을 수 있을까요? 아무나 먹을 수 없습니다. 오직 하나님 아버지께서 선택하신 백성들만 먹을 수 있습니다. 이 백성들은 오늘날 교회라고 불리는 새로운 공동체입니다. 그리스도의 구속 사역으로 형성된 교회 공동체를 바울 사도는 "그리스도의 몸"(고전 12:27)이라고 불렀습니다. 이 표현 역시 단지 비유적이고 상징적인 표현이라고 쉽게 판단해서는 안 됩니다.

물론 교회는 그리스도의 육체적인 몸과는 구분됩니다. 그럼에도 불구하고 교회는 참된 의미에서 그리스도의 몸입니다. 머리와 몸이 연합되어 있듯 그리스도와 교회도 가장 친밀한 형태로 연합되어 있기 때문입니다. 이 몸을 그리스도의 '육체적 몸'과 구별하여 '신비적(mystical) 몸'이라고 부릅니다. 영적 몸이라는 의미가 아닙니다. 교회는 그리스도의 영적 몸이 아니기 때문입니다. 교회는 분명 세상에서 경험하는 하나의 실체입니다.[4]

교회가 그런 의미에서 몸이라면, 우리 몸이 음식을 먹어야 사는 것처럼 교회도 먹어야 삽니다. 이 땅에 발 붙이고 있는 그리스도의 몸인 교회가 저 멀리 하늘 보좌 우편에 있는 그리스도의 몸을 어떻게 먹을 수 있을까요? 이 둘을 연결하는 것이 존재하지 않는다면 하늘에 계신 그리스도의 몸은 그야말로 그림의 떡일 뿐입니다.

이 두 그리스도의 몸을 연결시키는 또 하나의 그리스도의 몸이 있으니, 바로 성찬입니다. 예수님이 떡을 가리키면서 "이것은 너희를 위하는 내 몸"(고전 11:24)이라고 말씀하셨습니다. 다시 강조하지만, 이 말씀 역시 단순히 비유로 이해해서는 안 됩니다. 주님의 말씀은 영적 실체를 지칭하기 때문입니다. 적어도 성찬에 쓰이는 떡은 그리스도의 실제 몸에 속한 어떤 본질을 드러냅니다. 앞에서 우리는 그리스도의 몸이 생명의 떡임을 강조했습니다. 성찬에서 떡도 그냥 떡이 아니라 그리스도의 실제 몸처럼 그리스도인에게 생명을 전달하는 수단이 됩니다. 그러므로 이러한 그리스도의 몸을 '육체적 몸' 뿐 아니라 '신비적 몸'과도 구분해 '성례전적'(sacramental) 몸이라고 부를 수 있습니다.

여기에서 우리는 그리스도의 삼중적 몸 사이의 놀라운 관계를 보게 됩니다. 그리스도의 삼중적 몸을 연결짓는 개념이 바로 식사입니다. 간단히 말해, 그리스도의 신비적 몸(교회)은 그리스도의 성례전적 몸(떡)을 통해 하늘에 계신 그리스도의 몸(피와 살)을 먹습니다. 우리의 육체적 몸은 입으로 눈에 보이는 떡을 먹을 뿐입니다. 성찬에서 일어나는 이런 현상이 유사하게 우리 영혼에서도 일어납니다. 우리 영혼이 영혼의 입인 믿음을 통해 그리스도의 참된 몸을 먹습니다. 이것은 비유나 상징이 아니며 성령의 신비한 사역으로 성찬 가운데 실제로 일어나는 일입니다.

그런 점에서 그리스도의 몸과 성령의 사역이 아주 밀접한 관계가 있다는 점에 주목해야 합니다. 그리스도의 육체적 몸을 생각해보겠습니다. 사도신경에 나오는 그리스도의 사역에 대한 첫 번째 고백은 '성령으로 잉태하심'입니다. 하나님이 육신을 취하신 일을 언어로 설명하기란 불가능합니다. 오직 성령의 사역으로만 설명할 수 있습니다. 그리스도의 신비적 몸인 교회도 마찬가지입니다. 오순절에 성령이 임함으로 그리스도의 몸인 교회가 탄생했습니다. 이전에 교회가 없었던 것은 아니지만 이토록 성령이 충만하게 임한 적은 없었습니다.

그리스도의 육체적 몸과 신비적 몸이 성령이 역사하셨던 과거의 사건이라면, 그리스도의 성례전적 몸은 오늘날 성령이 계속해서 역사하시는 현장입니다. 그리스도의 육체적 몸과 신비적 몸을 준비시켰던 성령은 이제 이어서 성례전적 몸을 준비시키십니다. 성찬은 성도들에게 가장 중요하고 신비한 성령의 사역이 아닐 수 없습니다.

4. 성찬의 실제

모든 신학은 본질적으로 실천적입니다. 성찬도 마찬가지입니다. 성찬의 본질에 대한 이해가 바뀌면 그와 관련된 교회의 실천적 측면도 바뀔 수밖에 없습니다. 예를 들어, 한국 교회가 성찬을 일 년에 고작 한두 차례 실시한다면 그 자체가 이미 그리스도의 몸에 대한 교회의 몰이해를 드러낸다고 할 수 있습니다. 하지만 앞에서 설명한 대로 성찬에 대한 이해를 새롭게 한다면 성찬은 물론이고 교회의 전반적인 일을 실천하는 자세가 달라질 것입니다. 성찬은 그리스도의 몸과 관련되어 있고, 따라서 기독교의 핵심적 가르침과 다양한 방식으로 연결되어 있기 때문입니다. 지면의 한계상 여기에서는 성찬과 직접 관련된 교회의 몇 가지 실천적 요소들에 대해 생각해보겠습니다.

성찬과 직분

교회의 모든 직분자를 하나님의 종이라고 부릅니다. 직분자는 본질적으로 사람이 아닌 하나님을 섬기는 자들입니다. 물론 성도를 돌아보고 섬기는 것이 주된 일이기는 합니다. 하지만 그것도 하나님이 직분자에게 명하신 일이기에 중요한 의미를 갖습니다.

직분자가 하나님을 섬기는 가장 핵심적인 현장은 예배입니다. 모든 성도는 예배하는 가운데 하나님을 영화롭게 하며, 직분자는 이 일을 돕는 역할을 합니다. 예배 중에 하나님을 수종들지 않는 직분이 있다면 분명 불필요한 직분일 것입니다. 이렇게 예배와 직분이 밀접하게 연관되어 있기에 예배에 대한 인식이 변하면 자연스레 직분에 대한 인식도 변합니다. 교회 역사가 이를 증명합니다.

앞에서 보았듯 로마가톨릭교회는 성찬을 '희생제사'로 보았습니다. 예배의 본질을 제사로 이해한다면, 이때 필요한 직분은 제사장입니다. 로마가톨릭교회는 모든 직분자를 본질상 사제로 보았습니다. 그중에서도 주교를 가장 중요한 사제로 여겼습니다. 하나의 도시 전체를 관할한다는 점에서 주교는 진정한 의미에서 유일한 사제였습니다. 주교가 파견한 신부 역시 사제라고 불렸으나, 그는 자신의 권한이 아니라 주교가 부여한 사제권을 행사할 뿐이었습니다. 사제 혼자서는 이 일을 수행할 수 없기에 돕는 사람이 필요했는데, 이들을 부제(副祭)라고 불렀습니다.

종교개혁은 성찬의 본질을 '식사'로 이해했습니다. 따라서 더이상 예배하는 데 제사장이 필요하지 않았습니다. 그리스도가 대제사장으로서 희생제사를 단번에 다 드리셨기 때문입니다. 그러므로 우리의 예배에는 제사장 직분 대신, 그리스도의 완전한 희생제사에 근거해 영적 식사를 나눠 주는 직분, 즉 목사가 필요했습니다. 목사가 혼자서 그 중요한 일을 감당할 수 없어 옆에서 돕는 직분자인 장로와 집사도 필요하게 되었습니다. 성찬은 이제 식사를 의미하는 데서 더 나아가 이 식사를 위한 영적 돌봄, 즉 목양을 전제로 합니다.

직분에 대한 이해는 직분자가 입는 의복에도 큰 영향을 미쳤습니다. 직분자가 무슨 옷을 입어야 하는가는 그리 중요한 문제가 아닐 수 있습니다. 그러나 아무리 성찬에 대한 교리가 개혁되었더라도 성찬을 시행하는 방식이 전혀 변하지 않는다면, 적어도 성찬식에 참여해 지켜보는 자들, 특히 일반 신자들은 교리가 개혁되었다는 사실을 전혀 실감하지 못할 것입니다. 로마가톨릭교회는 성찬을 제사로 이해했기 때문에 직분자들은 구약의 제사장처럼 화려한 가운을 입었습니다. 개혁된 교회에서도 직분자가 그와 동일한 복장을 갖추고 성찬을 집례한다면, 성찬은 제사가 아니라고 아무리 설교하더라도 참여자들이 오해를 할 수 있습니다. 그 때문에 청교도들은 직분자가 특별한 가운을 입어서는 안 된다고 주장했습니다. 성찬의 본질은 식사이므로 단순한 가운만 입어도 주님의 식탁에서 수종드는 종이라는 사실을 충분히 드러낼 수 있다고 보았습니다.

목사가 성찬을 소홀히 하면 장로나 집사도 성찬에 소홀해지는 것은 당연합니다. 성찬을 매주 혹은 자주 시행하지 않을 경우, 장로는 목사와 달리 예배에서 섬길 일이 별로 없습니다. 한국 교회의 경우 장로가 예배 시간에 대표기도를 하는 전통이 있기는 하지만, 기도 순번이 아닌 이들은 손놓고 있어야 합니다. 성찬식에서 목사는 식사를 준비하고 장로는 준비된 식사를 성도에게 나눠 줍니다. 이 장면은 목사와 장로의 관계를 가장 명확하게 보여줍니다. 그러나 성찬을 자주 시행하지 않아 이런 관계를 직관적으로 인식할 기회가 많지 않습니다. 그래서일까요? 유독 한국 교회에서 목사와 장로 간에 갈등이 심한 것 같습니다. 일반적으로 한국 교회에서 장로는 봉사직이 아니라 행정 감독의 권한을 가진 자리라고 오해하는 경우가 많습니다. 예배에서 장로가 실제로 담당하는 일이 없거나 미미하다 보니 교회의 다른 주변적인 일을 주된 책임으로 생각하기 때문입니다.

그러나 성찬식 집례를 장로의 주요한 직임이라고 생각해 보십시오. 먼저 장로는 세례 교육에 관심을 가질 수밖에 없습니다. 성찬에 참여하는 사람은 세례 교인에 한정되기 때문입니다. 세례 교육은 당회가 전적으로 맡아서 하는 본질적인 일이고, 개혁교회에서는 일반적으로 이 일을 목사와 장로가 나누어 맡습니다. 장로는 교인 중에 누가 세례를 받았는지, 그래서 성찬에 참여할 수 있는지 알아야 합니다. 그러자면 평소에 교인 한 사람 한 사람에게 관심을 가지고 꾸준히 심방하며 기도하는 것이 필수입니다. 결국 성찬의 회복은 직분의 회복과도 밀접한 관련이 있습니다.

종교개혁은 말씀 중심의 예배를 회복시켰습니다. 미사에서는 설교가 주변부로 밀려났지만, 예배가 회복되면서 다시 중심으로 들어왔습니다. 그러나 이후에 종교개혁가들이 전혀 의도하지 않은 일이 일어나고 말았습니다. 설교가 예배의 전부가 되는 기이한 현상이 교회에서 일반화된 것입니다. 종교개혁가들은 예배에서 설교와 성찬을 올바로 자리매김하려 했던 것이지 주변부로 밀어내려 한 것이 결코 아니었습니다. 설교와 성찬은 동일한 말씀의 두 가지 형식으로, 각각 '들리는 말씀'과 '보이는 말씀'이라고 할 수 있습니다. 중요성을 따지자면 설교가 우선하지만 성찬 역시 설교를 떠받치는 굳건한 기둥입니다.

오늘날 한국 교회에서 설교의 비중이 지나치게 크다 보니 설교가 곧 예배라고 거의 동일시하는 경향이 있습니다. 이런 일은 특히 다른 지역으로 이사해 출석 교회를 새로 정할 때 두드러집니다. 자기 마음에 드는 설교자를 찾아 교회를 '쇼핑하듯' 고르는 성도들이 얼마나 많습니까? 설교 중심의 예배가 오히려 설교의 가치를 떨어뜨리고 있습니다. 각 교회마다 목사들은 설교를 잘하기 위해 경쟁을 벌입니다. 어디에서나 동일한 그리스도의 말씀을 전한다기보다 어떻게든 '관심을 불러일으키는' 설교를 해서 사람들을 끌어 모으길 원합니다. 그럴 때 설교는 하나님의 말씀이 아니라 사람의 말로 전락하기 쉽습니다. 이런 현상을 극복하기 위해서라도 성찬과 설교의 올바른 균형을 회복해야 합니다.

성찬과 권징

권징은 말씀 및 성례와 더불어 개혁교회에서 참 교회를 가시적으로 보여주는 3대 표지입니다. 물론 세 가지 사이에는 의미 있는 차이가 있습니다. 말씀은 그 자체로 가시적 교회를 표상한다는 점에서 가장 중요합니다. 성례는 선포된 말씀을 강화시킵니다. 마지막으로, 권징은 말씀과 성례를 보존(preserve)하고 보호(protect)합니다. 성례로서 성찬은 권징이라는 표지가 없을 때 쉽사리 그 거룩성을 상실할 수 있습니다. 게다가 성찬마저 제대로 시행되지 않는다면, 권징은 영적 의미를 상실하고 공허한 말장난이나 사람 잡는 재판이 되고 말 것입니다.

성찬은 말 그대로 거룩한 식사입니다. 교회의 거룩성은 이 식사에서 가장 가시적으로 드러나야 합니다. 그러나 교회 구성원들은 죄인이므로 이들로 인해 거룩성은 언제든지 훼손될 수 있습니다. 이는 교회의 현실이 증명할 뿐 아니라 성경에도 그러한 예가 나옵니다. 성찬의 거룩성을 제대로 이해하지 못할 때, 성찬은 탐욕을 채우는 수단이 되고 마는 것을 고린도 교회의 예에서 볼 수 있습니다. 어떤 자들이 미리 와서 성찬에 사용될 떡과 포도주를 다 먹어버렸습니다. 심지어 그들 중에는 포도주에 취한 자들도 있었습니다. 그로 인해 뒤에 온 다른 사람들은 굶을 수밖에 없었습니다. 또 어떤 자들은 자신을 전혀 살피지 않은 채 성찬에 참여했기 때문에 성찬을 통해 은혜를 누리기는커녕 죄를 먹고 마시는 꼴이 되고 말았습니다.

주님의 상이 더러워지지 않으려면 권징은 반드시 필요합니다. 권징을 통해 교회는 주님의 상에 적합하지 않은 사람의 참여를 막습니다. 회중에게 알려지지 않은 숨은 범죄에 대해서는 자신을 돌아보아 스스로 성찬에 참여하지 않고, 드러난 범죄에 대해서는 당사자를 강제하여 참여하지 못하게 해야 합니다. 설교가 예배에 참석한 모든 사람에게 회개를 촉구하는 말씀이라면, 권징은 특정한 사람이나 그룹에게 회개를 촉구하는 말씀입니다. 형식으로 보자면, 권징은 설교와 달리 단순히 말하는 데서 그치지 않고 강권적으로 사법적 집행을 합니다. 권징이 있기에 설교는 실제적인 힘을 가지고, 성찬은 안전하게 보호받습니다.

권징은 기본적으로 주님이 교회에 주신 열쇠의 권세에 근거합니다. 이것은 천국의 문을 열고 닫는 권세입니다. 교회 역사에서 이 권세를 확대하려고 한 자들이 있었습니다. 그들은 확실한 권징을 보장하려면 세상의 위정자가 개입해야 한다고 생각했습니다. 무력을 동원해야 한다는 것입니다. 실제로 교회는 이단자들을 교회에서 출교시켰을 뿐 아니라 세상 위정자에게 맡겨 엄중한 처벌을 받게 했습니다. 하지만 권징은 순수하게 영적인 권세입니다. 앞에서 살펴본 대로 성찬을 이해한다면, 수찬정지와 같은 권징이 구금의 형벌보다 훨씬 더 엄중하다는 것을 알 수 있습니다. 수찬정지는 영혼의 굶주림과 갈증을 의미합니다. 이 분명한 회개의 메시지를 끝까지 거부한다면, 그 사람은 영혼의 굶주림과 갈증으로 영원한 사망에 이를 것입니다.

권징과 성찬이 밀접하게 연결되어 있다면, 우리는 성찬을 현재보다 훨씬 자주, 가능하다면 칼뱅이 소망했던 대로 "적어도 일주일에 한 번" 실시해야 할 것입니다. 성찬식을 일 년에 고작 두어 번 실시하는 교회에서, 누군가에게 3개월의 수찬정지를 선고한들 그러한 권징이 무슨 실질적 의미가 있을까요? 6개월이나 1년 동안 수찬정지를 받는다고 해도 통틀어 한두 번의 수찬정지만 경험할 것입니다. 성찬이 있는 주일에 교회에 출석하지 않는다면, 그 사람은 약간의 부끄러움은 느낄 수 있을지 모르나 실제로는 아무런 권징도 받지 않게 됩니다.

성찬의 네 가지 예전 행위

성찬을 어떻게 시행할 것인가에 대해 웨스트민스터 대교리문답은 가장 기본적인 가르침을 주고 있습니다. 그러나 아쉽게도 장로교 목사조차 대부분 이 교리문답에 무관심한 것 같습니다.

> 169문: 그리스도는 성찬을 시행할 때 떡과 포도주를 어떻게 주고받으라고 명하셨습니까?
>
> 답: 그리스도는 말씀의 봉사자를 세워 그들이 성찬을 시행할 때 성찬 제정 말씀과 감사와 기도로 떡과 포도주를 일반적인 용도에서 구별하고 떡을 취하여 뗀 후 떡과 포도주를 수찬자들에게 나눠 주라고 명하셨습니다. 수찬자도 동일한 명령에 따라 자신을 위해 그리스도의 몸이 찢기고 주어지고 피 흘렸음을 고맙게 기억하면서 떡을 받아 먹고 포도주를 마셔야 합니다.[5]

이 문답을 보면, 성찬은 기본적으로 주고받는 것입니다. 설교가 선포와 경청으로 이루어지듯 성찬은 주고받음으로 구성됩니다. 따라서 성찬도 설교와 마찬가지로 예배 속에서 이루어지는 성도의 교제입니다. 설교와 성찬에 수종드는 사람을 말씀의 봉사자, 즉 목사라고 부릅니다. 목사는 그리스도의 종으로서 그리스도의 지침에 따라 말씀을 선포하고 성찬을 시행해야 합니다. 목사가 입으로 하는 봉사가 설교라면, 성찬은 손으로 하는 봉사입니다.

성찬에서 목사가 그리스도의 종으로서 해야 할 봉사는 떡을 들어(taking), 축사하고(blessing), 떼어(breaking), 나눠 주는 것(giving)입니다. 이 네 가지 예전 행위는 예수님이 오병이어의 기적을 행하셨을 때(막 6:41), 성찬을 제정하셨을 때(눅 22:10), 엠마오로 가던 두 제자들과 음식을 드셨을 때(눅 24:30) 그대로 시행되었습니다. 순서는 약간 다를 수 있지만, 특히 감사기도를 포함해 이 네 가지 행위는 반드시 갖춰야 하고 회중에게 강조해야 합니다. 예배 순서지에 네 가지 절차를 표기하는 것도 좋은 방법입니다.

네 가지 순서에서 가장 주목받지 못하는 행위는 분병과 분잔입니다. 심지어 분병과 배병을 구분하지 못하는 성도들도 적지 않습니다. 분병은 떡을 떼는 것이고 배병은 회중에게 나눠 주는 것입니다. 분잔 역시 포도주를 붓는 것이고 배잔은 회중에게 나눠 주는 것입니다. 아쉽게도 성찬에서 이 순서를 여러 이유로 생략하는 경우가 적지 않습니다. 그러나 "떡을 떼는 것"은 성찬에서 대표적인 행위이므로 빠져서는 안 됩니다.[6] 떡을 들어 구별하는 것, 감사기도를 드리는 것, 떡을 떼고 잔을 붓는 것, 그것을 회중에게 나눠 주는 것 모두가 조화를 이루어야 성찬을 풍성하게 시행할 수 있습니다.[7]

주변적 요소들

성찬과 관련해 고려해야 할 교회의 몇 가지 실천적 요소에 대해 살펴보았습니다. 이에 대한 이해를 토대로 성찬의 본질적 요소들이 충분히 자리를 잡았다면, 그다음에는 주변적 요소들에도 신경을 써야 합니다. 비교적 작은 일도 잘못되었을 경우, 처음에는 괜찮더라도 결국 교회에 큰 해로 돌아올 수 있습니다.

1. 성찬식 분위기

한국 교회의 성찬식은 무엇보다 분위기를 바꿀 필요가 있습니다. 성찬은 기본적으로 천국 잔치인데도 불구하고 대부분의 분위기가 초상집 같습니다. 성찬이 본래의 의미를 따라 즐거운 혼인 잔치가 되도록 집례자들이 여러모로 신경을 써야 합니다. 수십 년간 내려온 한국 교회의 전통을 하루아침에 바꿀 수는 없겠지만 몇 가지 시도해볼 방법은 있습니다.

가장 먼저, 목사 자신이 성찬을 올바로 이해해야 합니다. 적어도 성찬이 천국 잔치라는 것, 성찬이 승천하신 그리스도와 교제하는 것임을 알아야 합니다. 영적 임재설이 그리스도가 이 땅에 내려오는 것이 아니라 신자가 하늘에 계신 그리스도의 존전으로 이끌려 올라가는 것을 의미한다는 정도는 알아야 합니다. 또한 개혁신학의 성찬론에 확고한 신념이 있어야 합니다. 그리고 성찬 예식에 변화를 주기 전에 설교와 강의, 성경공부를 통해 이런 사실을 성도들에게 충분히 인식시켜야 합니다.

인식에 변화가 일어나려면 상당한 시일이 필요합니다. 실천하기 가장 쉬운 방법은 성찬을 시작하며 목사가 간단히 이렇게 말하는 것입니다.

"자, 이제 주님이 베푸신 식사를 기쁜 마음으로 다같이 나누겠습니다."

성도들은 이 말을 들으며 자신이 식사에 참여하고 있음을 환기하게 됩니다. "지금부터 성찬식을 시행하겠습니다"라고 말할 때보다 분위기가 한결 부드러워질 것입니다.

일단 흰 장갑이나 흰 보자기는 없애는 것이 좋겠습니다. 성찬식 때 집례자들이 입는 특별한 가운, 특히 검은색 가운도 삼가는 것이 좋겠습니다. 불필요하게 분위기를 어둡게 만들기 때문입니다. 성찬식을 자주 하다 보면 가운은 자연스레 입지 않게 될 것입니다.

집례자가 너무 근엄한 표정을 짓기보다 약간 미소를 띤다면 분위기 개선에 도움이 될 것입니다. 성찬식에서 사용하는 용어들도 식사 관련 용어로 바꾸고, 기도도 기쁨과 감사를 중심으로 드립시다. 설령 '그리스도의 죽음'이라는 용어를 사용하더라도, 그것이 우리 영혼의 양식이 된다는 측면을 강조할 필요가 있습니다. 찬송가도 무겁고 슬픈 곡조 말고 기쁘고 즐거운 곡조로 준비할 수 있습니다. 예를 들어, 〈즐겁게 안식할 날〉 같은 찬송이 좋겠습니다. 분병과 분잔을 할 때 성가대도 잔치와 관련된 곡을 부른다면, 현재 성찬식 분위기가 한층 더 밝아질 것입니다. .

2. 성찬 시간

성찬식 소요 시간을 정해놓은 성경 규범은 없습니다. 그러나 매주 혹은 자주 성찬을 시행하는 경우, 성찬식은 간단히 하는 것이 좋습니다. 성도들이 자칫 성찬식을 지루하게 느낄 수 있기 때문입니다. 예를 들어, 성찬식에서 목사가 일일이 떡을 떼어 성도들에게 나눠 주면 의미 있겠지만, 그럴 경우 시간이 많이 지체될 것입니다. 성찬의 본질에 손상이 가지 않는

한, 성찬식이 늘어지지 않도록 진행하는 것이 좋습니다.

현재 일반적인 성찬식에서 시간이 가장 많이 걸리는 순서가 배잔입니다. 포도주를 쏟을 염려가 있어 성도들이 조심스럽게 다루는 데다가, 각자 마시고 잔을 제자리에 갖다놓느라 분병 때보다 시간이 서너 배는 더 걸립니다. 어떤 성도는 잔을 받고는 잠시 눈감고 기도하기도 합니다. 그러므로 각자 잔을 받고 마시기보다는 모두가 잔을 받을 때까지 기다렸다가 다같이 마시는 것은 어떨까요? 성찬이 공동체 식사라는 점에서 고려해볼 수 있는 방법입니다.

다같이 떡을 나눌 때는 간단히 다음과 같은 언급을 할 수 있습니다. "우리가 함께 나누는 이 떡은 주님이 우리를 위해 주신 생명의 양식입니다. 다같이 받아 먹어 영생의 은혜를 함께 누리겠습니다." 잔을 나눌 때는 이런 언급을 할 수 있습니다. "우리가 함께 나눈 이 포도주는 주님이 우리를 위해 주신 생명의 음료입니다. 다같이 받아 마셔 기쁨의 은혜를 함께 누리겠습니다."

성찬에 사용되는 떡과 포도주는 각각 '생명'과 '기쁨'을 상징합니다. 집례자가 성찬식 사이사이에 간단히 떡과 포도주의 이 같은 차이를 짚어준다면, 성도들은 자신들이 성찬에서 무슨 일을 하고 있는지 분명하게 인식할 것입니다.

3. 다양화

"매주 성찬식을 하면 너무 형식화되지 않겠는가?"라는 우려의 목소리가 있습니다. 이런 우려가 생기는 것은 대부분 설교와 성찬을 분리하여 생각하기 때문입니다. 다시 한번 강조하지만 개신교 예배에서 성찬의 질은 설교로 결정됩니다. 성찬만 단독으로 설 수 없습니다. 설교가 복음에 충실하고 은혜로워야 성찬도 은혜로운 것이지, 설교가 은혜롭지 못한데 성찬이 은혜로울 수 없습니다. 따라서 성찬 예식에만 큰 의미를 두고 기대는 것은 바람직하지 않습니다.

성찬의 다양성은 궁극적으로 성찬 때 사용하는 말씀과 기도와 찬양에서 나옵니다. 성찬 제정 말씀으로 보통은 고린도전서 11장에 나오는 구절을 사용하는데, 성찬을 자주 시행하지 않는 경우에는 이 본문이 가장 좋지만(성찬의 의미를 가장 분명하게 보여주므로) 자주 시행하는 경우에는 얼마든지 다양한 본문을 사용해도 됩니다. 대표적인 예로, 시편 23편은 성찬식에서 사용할 수 있는 아름다운 본문입니다. "주께서 내 원수의 목전에서 내게 상을 차려 주시고 기름을 내 머리에 부으셨으니 내 잔이 넘치나이다"(시 23:5).

기도문도 예식문에 실린 것 외에 여러 개를 준비할 수 있습니다. 네 개 정도를 준비하면 한 달에 한 번씩 돌아가면서 사용할 수 있습니다. 주기도문을 사용하는 것도 고려할 만합니다. 하나님의 나라가 임하는 것, 일용할 양식을 주시는 것, 우리의 죄를 사해주시는 것 같은 주기도문의 구절들이 성찬과 조화를 잘 이룹니다. 주로 예배나 집회를 마치면서 사용하던 주기도문을 성찬식 전 기도로 사용하면, 성도들이 새로운 관점으로 주기도문을 보게 될 것입니다.

4. 그외 요소

성찬에 사용되는 떡과 포도주는 엄밀하게 말하면 '떼어진 떡'과 '부어진 잔'이며, 이것은 각각 그리스도의 '찢긴 살'과 '흘린 피'를 의미합니다. 찢김과 흘림은 그리스도가 십자가에서 단번에 이루신 사역이 제사임을 증거합니다.[8] 성찬식에 이런 요소를 반영한다면 성찬의 의미가 더욱 살아날 것입니다.

집례자는 미리 준비된 큰 떡을 떼면서 "그리스도가 이와 같이 자신의 살을 찢어 주셨습니다"라고 말할 수 있습니다. 포도주를 부으면서는 "그리스도가 이와 같이 자신의 피를 흘려 주셨습니다"라고 말할 수 있습니다. 그러면 성도들은 자신이 받는 떡과 포도주가 그리스도의 찢긴 몸과 흘린 피임을 보다 구체적으로 실감할 것입니다. 성찬상에 포도주 잔과 주전자를 준비해두어 이같이 행한다면, 성찬의 의미를 가시적으로 선명하게 전달할 수 있습니다. 같은 맥락에서 칼로 반듯하게 자른 떡 조각보다는 손으로 뗀 듯한 떡 조각도 고려해볼 수 있습니다.

전통적으로 성찬 예식에서 "마음을 들어 올립시다"(sursum corda)라는 표현이 사용되었습니다. 수찬자들이 떡과 잔이 아니라 하늘에 계신 그리스도를 바라보게 하려는 의도였습니다. 이같이 좋은 전통을 오늘날 성찬식에 그대로 적용해볼 수 있습니다. 집례자가 "우리의 마음을 들어 하늘에 계신 그리스도를 바라봅시다"라고 말하면서 떡을 들어 올리고, 그 상태에서 떡을 떼는 것입니다. 이때 성도들이 시선을 좀 더 높이 두면서 하늘에 계신 그리스도와 교제하고 있음을 보다 실감하게 될 것입니다.

작은 교회 살아남기 [9]

저는 신학교에서 학생들을 가르치기 전에 작은 교회(광교장로교회)를 개척하고 이후로 10년 넘게 섬겼었습니다. 이 교회는 예나 지금이나 매주 성찬을 실시합니다. 이렇게 하면 실제로 어떤 유익이 있을까요? 성찬은 적어도 작은 교회에 적지 않은 유익을 줍니다. 아니, 작은 교회가 큰 교회들 틈바구니에서 살아남기 위해서는 성찬이 필수일지도 모르겠습니다.

오늘날 개척 교회는 부흥을 소망하기 전에 생존을 고민하는 시대가 되었습니다. 자본주의의 양육강식, 부익부 빈익빈 현상이 교회에도 그대로 적용되고 있습니다. 대형 마트가 골목 상인들을 고사시키듯 대형 교회는 소형 교회와 개척 교회의 존재 자체를 위협하고 있습니다. 이런 상황에서 작은 교회는 우선 생존하는 법을 터득해야 합니다. 부흥과 성장은 그 다음에 고민할 문제입니다. 저는 오랫동안 작은 교회를 섬기기도 했고, 제 학생들도 대부분이 신학교를 졸업하고 작은 교회를 섬길 것이므로 이 문제를 진지하게 고민하지 않을 수 없었습니다. 완전한 해답은 아니지만 적어도 실마리를 제공하는 것이 선생의 의무라고 생각했습니다.

작은 교회가 살아남는 방법은 원리적으로 보면 아주 간단합니다. 작은 교회의 약점을 줄이고 강점을 살리는 것입니다. 그러나 이 점에서 작은 교회들이 실패하는 경우가 많습니다. 작은 교회의 강점을 살리기보다 막연히 큰 교회를 따라하기 때문입니다. 그런 경향은 예배에서 두드러집니다. 아무리 작은 교회라도 강단 전면에 스크린이 있고, 여러 음향 시설과 영상 시설이 어지럽게 자리 잡고 있습니다. 규모를 떠나 찬양팀이 없는 곳이 없습니다.

적어도 작은 교회에서는 음악이나 찬양이 예배의 중심이 되어서는 안 된다고 봅니다. 그럴 경우 작은 교회는 영원히 큰 교회를 따라갈 수 없습니다. 특히 청년들이 음악 중심의 예배에만 익숙하면 언제든 큰 교회로 옮겨 갈 가능성이 높아집니다. 예배의 기준이 음악에 있기 때문입니다. 작은 교회가 아무리 좋은 시설과 장비를 구비한들 대형 교회의 규모와 수준을 따라갈 수 있을까요?

따라서 작은 교회는 큰 교회가 제공할 수 없는 것에서 생존의 답을 찾아야 합니다. 이 답을 찾을 수 없다면 언제든 문을 닫을 수 있습니다. 가까이에 있는 큰 교회가 시설도 좋고 신앙생활에 여러모로 도움이 되는데 굳이 작은 교회를 다닐 이유가 무엇일까요? 작은 교회의 강점으로 친교를 꼽기도 하지만, 그것은 대형 교회의 시스템을 모르고 하는 소리입니다. 대형 교회일수록 부교역자들을 통해 교인들을 꼼꼼히 관리합니다. 대형 교회가 다른 활동 없이 주일 예배에만 참석하는 교인들로 주로 구성되어 있다면, 그 교회는 절대 오래갈 수 없습니다. 대형 교회의 신자들은 대부분 소그룹에 가입하여 다양한 활동을 하면서 강한 소속감을 가지고 있는 경우가 많습니다.

어떻게 보면 대형 교회가 할 수 없는 유일한 일은 매주 성찬을 실시하는 것입니다. 성찬이 예배에 필수 요소임을 인식하고 매주 성찬에 참여하는 교인이라면, 적어도 다른 교회, 특히 성찬식을 가끔 하는 교회에는 가지 않을 것입니다. 성찬이 없는 예배는 거짓 예배는 아닐지라도 부족한 예배, 미약한 예배가 아닐 수 없습니다. 그 점에서 우리는 로마가톨릭교회가 개신교 예배를 가리켜 반쪽짜리라고 비판하는 소리를 겸허하게 들을 필요가 있습니다. 주님의 살과 피를 나누지 않으면서 어떻게 하나님께 온전한 예배를 드릴 수 있을까요?

지나치게 설교 중심인 예배로 인해 성도들의 인식 속에 예배에 직접 참석해야 한다는 필요성이 약화되었습니다. 방송이나 인터넷 설교가 차고 넘치면서 예배당에 가지 않고 집에서도 얼마든지 예배를 드릴 수 있다는 개념이 확산되고 있습니다. 예전에는 교회에 가야 설교를 들을 수 있었으나 이제는 더이상 그렇지 않습니다. 교인들이 교회에 모이는 이유를 예배보다 친교에서 찾기 쉬운 세태입니다.

설교와 성찬은 동일한 하나님의 말씀이지만 중요한 차이가 있습니다. 오늘날 설교는 예배당에 가지 않고도 들을 수 있지만, 성찬은 예배당에 와서 예배에 참석한 사람만 누리는 기쁨이라는 것입니다. 성찬식 시행을 집에서 화면으로 볼 수는 있지만 떡과 포도주를 실제로 먹고 마실 수는 없습니다. 특히 함께 식사하는 기쁨은 전혀 느낄 수 없습니다. 작은 교회는 이러한 성찬의 독특성을 살려야 하며, 구조적으로 대형 교회보다 훨씬 잘 실천할 수 있습니다.

성찬을 매주 시행한다고 해서 작은 교회가 성장하거나 부흥한다는 말은 아닙니다. 그러나 작은 교회가 살아남을 수 있는 좋은 방편인 것은 확실합니다. 매주 성찬에 참석하면서 교인들은 강한 소속감을 느낍니다. 비록 작은 교회에 다니지만 성찬을 통해 자신들이 거룩한 공교회의 일원임을 실제로 경험합니다. 그러니 굳이 다른 교회로 옮겨 갈 필요성을 느끼지 못합니다. 예배의 필수 요소인 성찬에 참여하는 기쁨을 알기에 대형 교회의 일면 크고 화려한 예배를 부러워하지 않습니다. 오히려 성찬이 빠진 예배를 안타깝게 생각할 것입니다.

• 성찬 시행에 관한 웨스트민스터 대교리문답 •

170문: 성찬을 합당하게 받는 사람들은 어떻게 성찬에서 그리스도의 몸과 피를 먹고 마십니까?

답: 그리스도의 몸과 피는 성찬의 떡과 포도주 안에, 그와 함께, 혹은 그 아래에 육체적으로나 물질적으로 임재하지 않지만,[10] 성찬을 믿음으로 받는 자에게는 그 요소들이 참되게, 실제로 그들의 외적 감각에 느껴지는 것 못지 않게 영적으로 임재합니다.[11] 그러므로 성찬에 합당하게 참여하는 자들은 육체적이거나 물질적이 아닌 영적인 방식으로 그리스도의 몸과 피를 먹고 마시지만,[12] 십자가에 달리신 그리스도와 그분의 죽음에서 오는 모든 혜택을 믿음으로 받아 자신들에게 적용할 때 참되게 그리고 실제로 먹고 마십니다.[13]

171문: 성찬을 받는 사람들은 성찬에 참여하기 전에 자신을 어떻게 준비해야 합니까?

답: 성찬을 받는 사람은 성찬에 참여하기 전에 자신이 그리스도

안에 있는지에 대해,[14] 자신의 죄와 부족함에 대해,[15] 자신에게 잘못한 사람들을 용서하면서[16] 자신의 지식과[17] 믿음과[18] 회개와[19] 하나님과 형제들에 대한 사랑과[20] 모든 사람에 대한 긍휼이 얼마나 진실하고 얼마나 큰가에 대해,[21] 그리스도를 향한 열망과[22] 자신의 새로운 순종에 대해[23] 스스로를 살펴야 합니다.[24] 그리고 진지한 묵상과[25] 간절한 기도로[26] 이 은혜를 새롭게 실천함으로써[27] 성찬을 준비해야 합니다.

172문: 자신이 그리스도 안에 있는지 혹은 성찬에 참여할 합당한 준비가 되어 있는지 의심하는 사람도 성찬에 참여할 수 있습니까?

답: 자신이 그리스도 안에 있는지 혹은 성찬에 참여할 합당한 준비가 되어 있는지 의심하는 사람도, 비록 이에 대한 확신은 없을지라도 그리스도에 대해 참된 관심을 가질 수 있습니다.[28] 그리고 스스로 생각하기에 그런 관심이 없는 것 같아 근심하더라도[29] 그리스도 안에서 발견되고[30] 죄악에서 떠나길 진심으로 소원한다면, 하나님이 보시기에 성찬에 참여할 준비가 된 것입니다.[31] 이런 경우 (믿음이 약하고 의심하는 그리스도인들을 안심시키기 위해 약속이 주어지고 이 성례가 제정된 것이므로[32]) 그는 자신의 불신앙을 애통해하고,[33] 의심을 해결

하기 위해 노력해야 합니다.[34] 이같이 노력하면서 그는 신앙을 더욱 강화하기 위해 성찬에 참여할 수 있을 뿐 아니라 반드시 참여해야 합니다.[35]

173문: 신앙을 고백하고 성찬에 참여하길 열망하는 사람에게 성찬 참여를 금할 수 있습니까?

답: 신앙을 고백하고 성찬에 참여하길 열망하더라도 무지와 부도덕함이 드러나면, 그 사람이 가르침을 받고 변화될 때까지[36] 그리스도가 교회에 맡기신 권세로 그에게 성찬에 참여하는 것을 금할 수 있으며 금해야 합니다.[37]

174문: 성찬을 시행할 때 성찬을 받는 사람들에게 요구되는 것은 무엇입니까?

답: 성찬을 시행할 때 성찬을 받는 사람들에게 요구되는 것은, 모든 거룩한 경외심과 주의함으로 규례를 따라 하나님을 섬기고,[38] 성례의 요소들과 행위들을 부지런히 살펴보고,[39] 주의 몸을 주의 깊게 분별하고,[40] 정성을 다해 그분의 죽으심과 고난을 묵상하고[41] 이를 통해 각성하여 자신이 받은 은혜를 열심히 사용하고,[42] 자신을 판단하고,[43] 죄를 슬퍼하고,[44] 그리스도에 대해 진정으로 주리고 목말라하며,[45] 믿음으로 그리

스도를 먹고,⁴⁶ 그분의 충만함을 받고,⁴⁷ 그분의 공로를 의지하고,⁴⁸ 그분의 사랑을 기뻐하고,⁴⁹ 그분의 은혜에 감사하고⁵⁰ 하나님과의 언약과⁵¹ 모든 성도에 대한 사랑을 새롭게 하는 것입니다.⁵²

175문: 성찬을 받은 후 그리스도인들이 해야 할 의무는 무엇입니까?

답: 성찬을 받은 후 그리스도인들이 해야 할 의무는 그들이 성찬에서 어떻게, 얼마나 제대로 행동했는지 깊이 생각하는 것입니다.⁵³ 만일 소생함과 위로를 받았으면 그로 말미암아 하나님을 찬송하고,⁵⁴ 그 은혜가 지속되길 간구하고,⁵⁵ 은혜에서 다시 멀어지지 않도록 주의하고,⁵⁶ 서약한 것을 실천하며,⁵⁷ 이 규례에 자주 참여하길 힘써야 합니다.⁵⁸ 그러나 현재 어떤 혜택도 발견하지 못했다면, 성찬을 위한 준비와 성찬에 임하는 태도가 어떠했는지 자신을 더 엄밀하게 검토해야 합니다.⁵⁹ 하나님 앞에서 그리고 자기 양심에 비추어 용납할 수 있는 준비와 태도였다면, 적절한 때에 그 열매가 나타나길 기다려야 합니다.⁶⁰ 만일 어느 하나라도 바르게 수행하지 못했다면, 스스로를 겸비하여⁶¹ 이후에 더 많은 주의와 부지런함으로 성찬에 참여해야 합니다.⁶²

5. 성찬으로 회복되는 예배 [63]

신학교에서 조직신학의 교회론, 종교개혁사의 성찬 논쟁, 예배학에서 성찬의 실제를 통해 배울 수 있는 가장 기본적인 성찬 교리들이 우리나라의 목회 현장에 거의 반영되고 있지 않습니다. 대부분의 목사들은 신학교에서 배운 대로 하기보다 기존의 관습대로 성찬식을 집례하는 실정입니다. 그마저도 일 년에 두어 차례만 하다 보니 성찬은 성도들에게 특별한 연례 행사로 인식될 뿐입니다. 신앙생활의 주변으로 밀려나 있습니다.

앞서 이런 현실 인식과 함께 성찬의 의미와 본질, 실천적 요소들에 대해 살펴보았습니다. 이제는 '어떻게 하면 성찬을 보다 더 은혜롭게 시행할 수 있는지' 예배의 관점에서 성찬을 얘기해보고자 합니다. 완벽하지는 않더라도 신학적인 답변으로 인도하는 하나의 길잡이가 될 것입니다.

성찬에 관한 이 책을 읽으면서 혹시라도 성찬이 최고의 예배 요소요, 예배 갱신의 전부라는 오해를 하지 않길 바랍니다. 다만 그동안 예배에서 성찬이 소외되었던 문제를 짚어보고 올바른 자리매김을 촉구하는 것입니다. 개혁주의 예배에서 가장 중요한 요소는 누가 뭐라 해도 설교임을 전제합니다.

성찬은 말씀, 세례, 기도와 더불어 은혜의 수단이지 예배 갱신이나 부흥을 위한 수단이 아닙니다. 성찬을 은혜롭게 시행하려는 동기가 무엇일까요? 성찬으로 예배에 새로운 변화를 시도하여 성도들에게 참신한 느낌을 주려고 한다면, 출발점부터 잘못된 것입니다. 아무리 새롭고 참신한 예식도 시간이 지나면 진부해질 수 있습니다. 성찬 예식을 하나의 목회 수단으로 보며 새로움을 추구할 게 아니라 성찬 자체가 온전히 은혜의 수단이 되도록 이끌어야 합니다.

예배는 하나님의 일이다

예배의 관점에서 성찬을 보자면 예배에 대한 이해가 먼저 있어야 할 것입니다. 성찬과 관련해 기억해야 할 가장 기본적인 명제는 예배는 사람의 행위가 아니라 "하나님의 행위"(Opus Dei)라는 사실입니다.[64] 오늘날 예배에 대한 많은 오해는 예배를 본질적으로 사람의 행위로 이해하는 데서 출발합니다. 이를테면 좋은 예배란 무언가 좋은 경험을 하는 것이라고 생각합니다. 그럴 경우 예배에 대한 판단 기준은 주관적인 체험이 되고 맙니다. 예배의 기준이 주관적인 체험이 되면 예배 형식은 사람 중심으로 변할 수밖에 없습니다. 이런 변화는 오늘날 알게 모르게 극장식으로 바뀌어가는 예배당 구조에서 뚜렷이 볼 수 있습니다. 예배 시간에 성도들이 기도하고 찬양을 하지만 이런 것은 예배의 중심 요소가 아닙니다.

우리나라 사람들이 예배를 사람의 행위로 이해하는 중요한 이유 중 하나는 예배와 관련된 관용적인 표현과도 무관하지 않습니다. 한국어에서는 보통 '예배를 드린다' 혹은 '예배를 본다'[65]라는 표현을 사용합니다. 이런 표현에서는 예배가 실은 하나님의 행위라는 것을 실감하기 힘듭니다.

한편, 독일에서 예배는 '고테스디엔스트'(Gottesdienst), 즉 '하나님의 섬김'으로 이해됩니다. 섬김을 목적격으로 해석하여 '(사람이) 하나님을 섬김'으로 해석할 수도 있지만, 일차적으로 소유격으로 해석하여 '하나님의 섬김', 하나님이 섬기는

것으로 이해합니다.[66]

예배가 사람의 행위가 아니라 하나님의 행위라는 명제가 확립되면, 이 명제는 다음과 같이 바꾸어 표현할 수 있습니다. "예배는 사람이 하나님께 무언가를 드리는 행위가 아니라, 하나님이 사람에게 무언가를 주시는 행위다." 이 점이 이방인의 거짓 예배와 성도의 참 예배를 결정적으로 구분합니다.

기독교 외 모든 이방 종교들의 예배는 본질적으로 기복적입니다. 이방인들은 예배를 통해 신에게 무언가를 바치고 복을 받으려고 합니다. 이와 반대로 기독교의 참 하나님은 예배 가운데 자기 백성에게 자비와 은혜와 복을 베푸십니다. 참 예배에서 기도와 찬양은 본질적으로 하나님의 베푸심에 대한 감사와 그분의 약속에 근거한 간구로 이해해야 합니다. 헌금조차 하나님이 주신 것을 다시 돌려드리는 행위입니다.[67]

요약하자면, 예배란 과거에 이루어진 일, 즉 그리스도의 구속 사역(십자가와 부활)에 근거해 삼위 하나님이 진노와 저주 아래에 있던 자기 백성에게 한없는 은혜와 구원을 베푸시고 그들로부터 감사와 찬양을 받으시는 행위입니다.

예배의 주체는 삼위일체다

예배가 하나님의 일이라고 한다면 예배의 주체는 당연히 하나님입니다. 그런데 짚고갈 중요한 문제가 있습니다. 예배의 주체가 되시는 하나님은 과연 어떤 분이실까요? 막연하게 "그냥 하나님"이라고 대답한다면 틀린 답은 아니지만 충분한 답도 아닙니다. 참된 신자라면 예배의 주체가 성부, 성자, 성령 삼위 하나님이라는 점을 확고하게 인식해야 합니다.

  예배 시간에 삼위 하나님을 강조하지 않은 결과, 한국 교회 성도들은 이단에 취약해지고 말았습니다. 오늘날 한국 교회에 영향을 미친 이단들을 보면, 영혼과 육체를 이원론적으로 여기는 영지주의나 극단적인 종말론을 추구하는 몬타누스주의같이 이단 중에서도 저급한 계열입니다.[68] 한국 교회가 초보적인 이단에게도 흔들리는 이유가 무엇일까요? 예배 가운데서 삼위일체 교리를 제대로 실천하지 못하고 있기 때문입니다.

  실제로 예배의 주체이신 삼위 하나님은 참 예배와 거짓 예배를 구분하는 유일한 기준입니다. 아쉽게도 한국 개신교의 예배는 삼위일체의 관점으로 볼 때 매우 취약한 구조입니다. 여러 가지 이유로 예배 주체가 선명하게 드러나지 않습니다.[69]

무엇보다 예배 중에 삼위 하나님의 이름을 언급하지 않습니다. 성부와 성자와 성령을 따로 부르는 경우가 많습니다. "하나님", "주여"라는 호칭은 자주 사용해도 "성부, 성자, 성령"은 거의 언급하지 않습니다. 우리는 지금 삼위 하나님을 부르는 공교회의 예배 전통에서 상당히 멀어져 있습니다.

언제부턴가 삼위 하나님께 직접 올려드리는 송영(doxology, *gloria patri*)이 예배 시간에서 사라졌습니다. 다른 간단한 찬송가로 대치되거나 성가대가 예배 개시곡 정도로 부를 뿐입니다. 사도신경 암송도 삼위 하나님에 대한 신앙고백이라기보다 예배 시작 때 성도들이 다같이 습관적으로 외우는 하나의 의례가 되었습니다. 설교도 자기 백성을 향한 삼위 하나님의 메시지 선포가 아니라 설교자 개인이 전하는 종교적인 교훈으로 바뀌고 있습니다. 그나마 삼위 하나님을 명시적으로 언급하는 축도마저 여러 미사 여구가 첨부되면서 '복을 주시는 삼위 하나님'보다 '…하기를 결심하는' 성도가 받는 복이 중심이 되어가고 있습니다. 성부와 성자와 성령의 이름이 가장 분명하게 드러나는 세례식은 축소되는 경향입니다. 세례식은 말할 것도 없고 유아세례식도 아이들이 태어날 때마다 시행하지 않고 한꺼번에 몰아서 합니다.

성찬식이야말로 예배의 주체가 누구인지 가장 명시적으

로 보여주는 예배 의식입니다. 성찬을 나누는 가운데 삼위 하나님이 베푸시는 무한한 은혜를 가장 분명하게 체험하기 때문입니다.

앞에서 성찬의 본질은 식사라고 했습니다. 그렇다면 그 식사는 누가 베푸는 것일까요? 식사의 중요성은 무엇을 얼마나 차렸느냐가 아니라 누가 우리를 식사에 초대했느냐에 달려 있습니다. 아무리 맛있는 음식을 차렸더라도 조폭의 두목이 준비했다면 그 자리에 참석하는 것만으로도 죄에 가담한 셈입니다. 성찬이 우리에게 고귀한 이유는 식사를 베푸신 분이 삼위 하나님이고, 상에 올린 것이 그리스도의 피와 살이기 때문입니다.

그러나 성찬 예식 자체에 매몰되지 않도록 주의해야 합니다. 성찬은 수단일 뿐입니다. 성찬이 중요한 이유는 그것을 통해 삼위 하나님과 교제하기 때문입니다. 일상생활에서도 교제는 대개 식사를 중심으로 이루어집니다. "시간 되면 밥 한번 같이 먹자"는 말은 말 그대로 한상에 앉아서 같이 배고픔을 해결하자는 뜻이 아닙니다. 식사하며 교제를 나누자는 뜻입니다.

성찬은 독자적으로 존재하지 않고 예배 중에 이루어지므로 예배의 각 요소가 삼위일체를 중심으로 진행되어야 성찬의 진정한 의미가 실현될 수 있습니다. 이 사실은 아무리 강조해도 지나치지 않습니다. 쉽게 말해, 찬송이나 설교가 삼위일체적이지 않다면 성찬도 삼위일체적일 수 없습니다. 그런 점에서 성찬을 지나치게 기독론적으로 이해하고 실천하지 않도록 주의해야 합니다. 성찬에 대한 교회론적이고 종말론적인 이해가 균형을 이루어야 합니다. 일반적으로 성찬에서 그리스도의 죽으심만 강조하다 보면 사람들의 관심이 떡과 포도주에만 쏠리고, 그 결과 성령의 사역이 주변부로 물러나게 됩니다. 그러므로 성찬 집례자들은 처음부터 끝까지 삼위 하나님의 종으로서 성찬식을 집례한다는 의식을 가지고 임해야 합니다.

삼위일체 중심의 예배를 드리려면 구체적으로 어떻게 해야 할까요? 가장 쉬운 방법 중 하나가 예배 가운데 삼위 하나님의 이름을 부르는 것입니다. 성찬식 때 드리는 공적인 기도도 삼위 하나님을 향하도록 해야 합니다. 성찬식 때 부르는 찬송 역시 삼위일체에 대한 감사의 찬송으로 선곡하면, 성찬에 참여하는 성도들은 성찬을 베푸시는 주체가 누구인가에 대한 인식을 분명히 하게 될 것입니다.

삼위 하나님을 언급하지 않고, 삼위 하나님께 기도하지 않은 채, 삼위 하나님께 드리는 찬송 없이 의미 있는 성찬을 누리기란 불가능합니다. 다른 예배 요소들도 삼위일체를 염두에 둘 때, 성찬은 이 요소들과 더불어 삼위일체 하나님 앞에서 이루어지는 성도들의 교제를 보다 더 강화시킬 것입니다.

은혜의 수단: 성찬의 올바른 자리매김

예배가 하나님이 자기 백성에게 은혜를 베푸시는 행위라면 우리는 그 은혜의 수단에 관심을 가져야 합니다. 하나님이 은혜를 베푸실 때 일반적으로 외적인 수단을 사용하시기 때문입니다. 그러므로 하나님과 '직접' 교통하려는 모든 불건전한 신비주의는 참된 교회에서 설 자리가 없습니다. 오늘날 직통계시를 추구하는 모든 잘못된 신앙 행태는 예배에 대한 잘못된 인식에서 시작되었다고 볼 수 있습니다.

하나님이 은혜를 베푸시는 외적인 수단은 말씀과 성례입니다.[70] 일반적으로 '말씀' 하면 성경을 떠올리지만, 말씀과 성경이 완전히 동일한 것은 아닙니다. 물론 성경 자체는 하나님의 말씀이지만, 이단의 예에서 보듯 성경이 자동으로 모든 사람에게 하나님의 말씀이 되는 것은 아닙니다.

여기에서 말씀은 성경이라기보다는 선포된 말씀, 즉 설교라고 할 수 있습니다. 오늘날 개인주의가 강화되는 상황 속에서 설교의 우선성을 최대한 강조해야 합니다. 요즘 성도들은 예배 시간에 회중에게 선포되는 설교보다 QT 같은 개인 묵상을 통해 깨달은 말씀을 더 신뢰하는 경향을 보입니다. 이렇게 된 데에는 목사의 설교가 평신도의 깨달음보다 수준이 낮은 이유도 있습니다. 그러므로 설교에 대한 무관심이 전적으로 성도들의 잘못이 아니라는 점을 목회자들은 알아야 합니다.

설교 역시 무조건 하나님의 말씀이라고 할 수 없습니다. 성경은 그 자체로 무오한 하나님의 말씀이지만, 설교는 무오한 성경의 가르침에 충실할 때에만 진정한 설교라고 할 수 있습니다. 그렇지 않은 설교는 도덕적, 종교적 훈화일 뿐입니다. 심지어 성경의 가르침과 상충할 때 그 설교는 이단이 됩니다. 그래서 종교개혁가들은 참된 교회의 표지를 설명할 때, 말씀 앞에 '순수한'이라는 수식어를 붙여 정착시켰습니다. 참된 교회는 참된 예배를 드리는 곳이며, 참된 예배는 그곳에서 선포되는 설교로 결정됩니다.

은혜의 두 번째 수단인 성례도 잘못 사용하면, 은혜를 전달하는 수단이기는커녕 미신이나 우상 숭배가 될 수 있습니다. 대표적인 예가 중세 로마가톨릭교회가 가르친 화체설입니다. 이 거짓된 교리는 은혜의 수단인 성찬을 우상 숭배로 바꿔버렸습니다. 그래서 종교개혁가들은 성례 앞에 수식어를 더해 "(순수한) 말씀에 따라 신실하게" 시행되는 성례라는 문구를 확립했습니다. 여기에서 우리는 말씀과 성례의 관계를 확인할 수 있습니다. 즉 성례가 말씀에 종속되고 있습니다. 따라서 종교개혁 이후의 예배는 설교 중심으로 바뀌었습니다. 성례전 중심의 '보는 예배'에서 설교 중심의 '듣는 예배'로 바뀐 것입니다. 이것이 종교개혁 시대에 예배에 일어난 가장 중요한 변화입니다.

종교개혁을 통해 예배가 설교 중심으로 바뀐 것은 바른 개혁이었으나 오늘날 설교가 성찬을 압도해버린 일에 대해서는 진지한 반성이 필요합니다. 종교개혁가들이 원한 것은 성찬의 올바른 자리매김이었지 성찬을 주변부로 밀어내는 것이 아니었습니다. 오히려 칼뱅은 초대 교회의 전통에 따라 "적어도 일주일에 한 번"은 성찬을 시행해야 한다고 생각했고,[71] 그렇게 하기를 제안했습니다. 아쉽게도 제네바시의회는 칼뱅의 의견을 받아들이지 않았고,[72] 대신 일 년에 네 번 성찬을 하기로 결정했습니다. 로마가톨릭교회의 거짓 예배(미사)에서 벗어난 지 얼마 되지 않았는데 성찬을 자주 시행하다가 신자들이 옛 방식으로 회귀할지도 모른다는 두려움이 있었기 때문입니다.

결과적으로 개혁교회 안에서 성찬의 횟수는 시간이 지날수록 줄어들었습니다. 교회마다 다르겠지만 한국 장로교회에서는 겨우 일 년에 두어 차례 성찬을 시행할 뿐입니다. 칼뱅을 따른다고 하는 한국 장로교회가 적어도 성찬에 있어서는 칼뱅의 가르침에서 상당히 벗어나 있습니다. 여기에는 여러 가지 이유가 있겠지만, 무엇보다 성찬을 예배의 필수 요소로 보지 않았기 때문입니다. 예배에 설교만 있어도 충분하다고 생각한 것입니다.

성찬으로 예배가 회복되기 위해서는 설교와 성찬의 관계가 분명해야 합니다. 개혁교회의 예배에서 설교를 중요시하는 이유는, 설교가 성도들에게 믿음을 일으켜 은혜를 받게 하기 때문입니다. 믿음을 일으키는 역할에서 설교는 독보적입니다. 바울 사도가 로마서에서 말하듯 "믿음은 들음에서 나며 들음은 그리스도의 말씀으로 말미암"습니다(롬 10:17). 그럼에도 불구하고 설교가 예배의 전부가 될 수는 없습니다. 말씀을 들어서 생긴 믿음은 더욱 튼튼하게 강화되어야 합니다. 바로 그 일이 성찬을 통해 이루어집니다.

성찬과 설교의 관계를 엠마오로 가는 두 제자 이야기보다 더 잘 보여주는 예도 없을 것입니다(눅 24:13-35). 그들은 부활하신 예수님을 만났지만 알아보지 못했습니다. 그런데 예수님이 (구약) 성경을 풀어주실 때 그들의 마음이 뜨거워졌습니다. 하지만 눈이 밝아져 주님을 알아본 것은 주님이 그들에게 떡을 떼어 나눠 주실 때였습니다.

부활하신 주님은 오늘날 말씀 사역자들이 무엇을 해야 하는지 분명히 보여줍니다. 그들이 해야 할 첫 번째 일은 성경을 풀어서 설명하는 것이고, 떡을 떼어 나눠 주는 것입니다. 설교를 통해 성도들이 말씀을 깨닫고 믿음을 갖게 하는 것도 중요하지만, 성찬을 통해 그 믿음을 확고하게 하는 것도 중요합니다. 여기에서 믿음을 일으키는 것도, 그 믿음을 강화하는 것도 모두 은혜의 수단을 통해 하나님이 하시는 일이라는 점을 기억하십시오.

설교와 성찬의 관계를 분명히 인식하면 목사들이 성찬을 통해 예배를 어떻게 회복시켜야 하는지 분명해집니다. 설교가 믿음을 일으키고 성찬이 그 믿음을 강화한다면, 설교는 성도들의 믿음을 일으키는 것을 주된 목적으로 삼아야 합니다. 그 믿음은 무엇보다 예수 그리스도에 대한 믿음이므로 설교자는 궁극적으로 그리스도의 복음을 전해야 합니다. 설교가 복음을 전하지 않고, 그 결과 성도들에게 믿음을 일으키지 않는다면 성찬은 아무 역할도 할 수 없습니다. 성찬은 이미 말씀을 통해 일어난 믿음을 전제하기 때문입니다. 믿음 없는 성찬 자체는 아무것도 아닙니다.

여기에서 설교와 믿음의 관계를 좀 더 구체적으로 고찰해 볼 필요가 있습니다. 어떤 목사가 성탄절에 "왕이신 예수님이 마굿간에서 태어나셨으니, 우리도 예수님처럼 낮은 자리에서 겸손하게 삽시다"라고 설교했다고 합시다. 안타깝게도 이것은 설교가 아니라 종교적 훈화에 지나지 않습니다. 이 설교에는 복음이 담겨 있지 않습니다. 그러니 성도들에게 어떤 믿음도 일으킬 수 없습니다. 이번에는 "생명이신 하나님의 아들 예수님이 육신을 입고 이 세상에 오셨습니다. 그분을 믿고 영접하는 자들은 죽지 않고 영생을 얻습니다"라고 설교했다고 합시다. 복음의 핵심이 담긴 이 설교는 성도들에게 믿음을 불러 일으킵니다. 이런 설교 뒤에 성찬이 따른다면, 성도들의 믿음은 한층 더 강화될 것입니다.

이런 설교는 어떨까요? "예수님 믿으면 복 받습니다. 사업이 잘되고 자녀들이 평생 건강하게 삽니다. 믿으면 아멘하십시오." 이것은 어떻게 들릴지 몰라도 복음 설교가 아닙니다. '믿음'이라는 단어를 사용하지만, 여기에서 이 단어는 그저 '희망'을 의미할 뿐입니다. 신념이나 긍정적 사고를 진정한 믿음과 혼동해서는 안 됩니다.

설교의 내용, 즉 복음이 성찬의 내용과 본질적으로 같다는 점을 인식해야 합니다. 성찬의 본질을 아주 간단히 요약하면, 그리스도가 십자가에서 이루신 완전한 제사로 우리가 죄사함을 받고 의와 영생을 얻는다는 것입니다. 이러한 본질은 설교와 다를 바 없습니다. 성찬은 보이는 떡과 포도주의 형태로, 설교는 들리는 말씀으로 성도들에게 전달될 뿐입니다. 보이는 말씀인 성찬이 보이지 않는 설교를 강화합니다. 결론적으로 말해, 성찬으로 예배가 회복되기 위해서는 설교가 먼저 복음으로 회복되어야 합니다. 아무리 성찬 예식을 화려하게 구성하더라도, 설교가 복음적이지 않다면 성찬 역시 하나의 형식적인 의식이 될 수밖에 없습니다.

세례와 성찬

지금까지 설교와 성찬의 관계를 살펴보았습니다. 이제는 성찬과 더불어 또 하나의 성례인 세례가 예배 속에서 성찬과 어떤 관계를 갖는지 보겠습니다. 다시 한번 강조하지만 성찬만 제대로 시행한다고 해서 예배가 회복되는 것은 아닙니다. 진정으로 예배가 회복되려면 예배의 모든 요소가 말씀대로 신실하게 시행되어야 합니다.

한국 개신교는 지나친 설교 중심 예배로 성찬뿐 아니라

세례까지 약화되었습니다. 마태복음 28장에 따르면 세례는 제자를 삼는 중요한 수단입니다. 그런데도 한국 교회에서 대중화된 소위 제자훈련에서는 세례를 그닥 중요하게 다루지 않습니다. 세례는 삼위 하나님의 이름으로 베푸는 것이므로 삼위 하나님에 대한 신앙고백이 매우 중요합니다. 교회는 삼위 하나님을 가르치기 위해 전통적으로 교리문답을 발전시켰습니다. 그러나 안타깝게도 오늘날 한국 개신교회의 세례에 대한 무관심은 교리문답 교육에 대한 무관심으로 이어졌습니다.[73]

세례에 대한 무관심은 성찬에 대한 무관심으로 이어집니다. 실제로 대부분의 성도들이 세례와 성찬의 관계를 제대로 알지 못합니다. 그런 점에서 초대 교회의 순전한 모습에서 많이 동떨어져 있습니다. 오순절에 성령이 강림하시고 베드로는 유대인들에게 복음을 전했습니다. 그 복음을 듣고 회개하여 세례를 받은 자들이 3천 명이었습니다. 그렇게 세례를 받은 자들은 어떤 삶을 살았을까요? 사도행전 2장 42절에 분명히 나와 있습니다. "그들이 사도의 가르침을 받아 서로 교제하고 떡을 떼며 오로지 기도하기를 힘쓰니라." 원문에 좀 더 가깝게 해석하면 다음과 같습니다. "그들이 사도의 가르침과 교제, 즉 떡을 떼며 기도하는 일에 전념했다." 은혜의 외적인 수단, 즉 말씀과 세례와 성찬이 초대 교회에서 어떻게 연결되고 있는지 잘 보여주는 구절입니다.

초대 교회 때부터 세례 교육은 기본적으로 성찬에 참여하기 위한 수단이었습니다. 쉬운 비유를 들자면, 손을 깨끗이 씻고 밥을 먹는 것과 같았습니다. 따라서 세례 교육을 할 때 성찬 교육을 부실하게 하면 성찬도 따라서 부실해질 수밖에 없습니다. 성찬이 부실해지면 역으로 세례도 그 의미를 쉽게 상실하게 됩니다.

오늘날 대부분의 교회에서는 세례식와 성찬식을 동시에 시행하지 않습니다. 시간이 너무 많이 걸리기 때문입니다. 그러면 어떤 결과가 올까요? 물론 세례를 받으면 그 교회의 정회원이 됩니다. 그러나 성찬 없이 세례만 받은 사람은 세례를 받기 전과 후의 차이를 실감하지 못합니다.

성찬으로 예배가 회복되기 위해서는 세례와 성찬이 함께 가야 합니다. 세례와 성찬은 둘 다 동일한 형식을 가지고 있고, 그 본질은 설교와 동일합니다. 세례와 성찬은 그리스도의 십자가 사역을 다른 측면에서 보여줄 뿐입니다. 세례는 수세자에게 십자가를 통한 죄씻음을 확신하게 하며, 성찬은 수찬자에게 십자가를 통한 영적 배부름과 기쁨을 확신하게 합니다. 세례를 받은 사람이 교회의 정회원으로서 특권을 누리는 자리가 성찬식입니다. 세례를 받은 후 바로 이어서 성찬에 참여한다면, 수세자는 세례의 진정한 의미를 더욱 실감할 것입니다. 세례식 때 수세자를 가장 앞자리에 앉게 하고, 이어지는 성찬식에서 먼저 떡과 잔을 받게 하는 것도 좋은 방법입니다.

정리하자면, 세례는 교회의 회원권이 시작되었음을 알리고, 성찬은 그 회원권을 누리는 자리를 의미합니다. 회원권과 관련해 성찬이 보다 의미 있으려면, 이른바 '울타리 성찬'(fenced communion)이 더 적합하다고 봅니다. 울타리 성찬은 그 교회의 정회원에게만 분배되는 반면, '열린 성찬'(open communion)은 회원권과 관계없이 세례받은 모든 사람에게 분배됩니다(어떤 경우에는 세례를 받지 않았더라도 예수님을 구주로 믿는 사람은 누구나 성찬에 참여하기도 합니다). 이렇듯 '성찬을 누구에게 분배하는가'에 대한 견해는 나뉘며 각각 장단점이 있습니다. 한국의 개신교회는 일반적으로 열린 성찬을 채택하고 있습니다.

물론 열린 성찬이 틀렸다고 할 수는 없습니다. 특히 교회가 클수록 현실적으로 열린 성찬을 채택합니다. 그러나 이 제도에는 한두 가지 심각한 약점이 있습니다. 열린 성찬을 채택하면, 성찬은 신자들에게 위에서 주어지는 선물이라기보다 당연한 권리가 됩니다. 성찬에 분배된 떡을 먹을지 말지를 본인이 결정하기 때문입니다. 성찬을 소중히 여기는 마음이 아무래도 떨어집니다.

한편, 울타리 성찬은 성찬에 참여할 자를 교회가, 좀 더 정확히 말하면 당회가 정합니다. 교회가 허락한 사람만 성찬에 참여할 수 있습니다. 이 제도를 시행하면 다른 교회에서 왔거나 교회에 처음 온 사람은 불편함을 느낄 것입니다. 그러나 성찬 제한은 그 자체로 하나의 중요한 설교가 됩니다. 성찬에 참여하는 사람과 참여하지 못하는 사람이 확연히 구분되면서 성찬의 소중함을 체감할 수 있습니다.

이와 같은 이유로 저는 적어도 작은 교회에서는 울타리 성찬을 실시해야 한다고 생각합니다. 작은 교회일수록 교인들의 소속감과 교제 강화가 필요한데, 성찬이야말로 성도의 교제 자체이며 모든 교제의 근원이기 때문입니다. 울타리 성찬을 채택한다면, 당연히 매주일 성찬을 실시하는 것이 효과적입니다. 그럴 때 회원은 소속감을 가지고, 비회원은 회원이 되어야 할 필요성을 더욱 느끼게 됩니다. 울타리 성찬을 실시하더라도 횟수가 적다면 열린 성찬과 비교해 성도들은 별 차이를 느끼지 못할 것입니다.

회원권과 성찬이 밀접한 연관이 있음을 고려한다면, 현재의 회원 가입 조건을 다소 엄격하고 체계적으로 둬야 할 필요가 있습니다. 현대의 성도들은 이전과 달리 여러 가지 이유로 교회를 옮기는 일이 빈번합니다. 그래서 등록 카드만 제출하면 등록 교인으로 간주하는 경우도 있습니다. 특히 작은 교회일수록 교회 문턱을 쉽게 낮추는 경향이 있습니다. 교인수를 한 명이라도 늘리고 싶은 목사의 심정은 이해하지만 여기에는 숨은 함정이 있습니다. 교회 문턱을 낮추면 그만큼 교회를 떠나기도 쉽습니다. 쉽게 들어 온 교인은 쉽게 떠납니다. 작은 교회가 장기적으로 성장하기 위해서는 교회 문턱을 조금은 높이는 편이 궁극적으로 유익합니다.

새가족반 과정을 마친 사람들을 회원으로 받아들이는 경우에도 마찬가지입니다. 보통 예배 시간이나 예배 후에 가입 환영식을 하는 경우가 많은데, 이렇게 교인을 받아들이면 일반 동호회에서 회원을 받아들이는 것과 본질적으로 별 차이가 없습니다. 그러므로 예배 시간, 성찬을 실시하기 직전에 삼위 하나님의 이름으로 회원 가입 서약식을 엄숙하게 하길 제안합니다.[74] 성도들에게 환영의 박수를 받는 것도 좋지만, 주님이 베푸시는 떡과 잔을 받는 가운데 주님의 환영부터 받는 것이 더 좋지 않을까요? 그렇게 교회 회원이 된 사람은 그 교회를 떠날 때 한번 더 생각해보게 될 것입니다. 그들의 서약식을 보며 기존의 교인들도 자신이 예전에 했던 서약식을 떠올리며 교회가 무엇인지 다시 한번 새겨볼 수 있습니다. 이렇듯 성찬은 새로 얻게 된 교회 회원권을 실제로 누리고 즐기는 시간입니다.

세속화와 성찬의 중요성

오늘날 예배에 생기가 많이 떨어지면서 위기감을 느낀 목회자들이 예배 갱신에 관심을 기울이고 있습니다. 예배가 이전만큼 힘을 발휘하지 못하게 된 가장 큰 원인은 세속화에 있다고 봅니다. 초월적 세계에 대한 사람들의 관심이 현저하게 떨어졌습니다. 스마트폰으로 대변되는 현대 사회의 물질주의 속에서 사람들은 영원한 것보다 순간적인 것, 보이지 않는 것보다는 보이는 것을 추구합니다. 이런 세속주의는 교회 안에 깊숙이 들어와 있으며 암세포처럼 소리 없이 교회 전체를 병들게 하고 있습니다.

    이런 세태 속에서 교회는 어떻게 해야 할까요? 세속화에 맞추려는 손쉬운 방법을 선택하기보다 교회의 거룩성을 드러내기 위해 애써야 합니다. 교회가 세상과 다른 점, 즉 거룩함이 없다면 사람들이 교회에 올 이유가 있을까요? 세속화의 거대한 흐름을 거부하기로 결정했다면, 교회는 자신의 표지인 설교와 성례를 통해 거룩성을 확보해야 합니다. 예배에서 설교가 '들리는' 거룩성이라고 한다면, 성례는 '보이는' 거룩성입니다. 가시적이라는 점에서 성찬은 세속 사회에서 교회의 거룩성을 확보하여 예배를 회복시키는 데 효과적일 수 있습니다.

성찬식을 보다 잘할 수 있는 특별한 기술이란 존재하지 않습니다.[75] 사실 성찬을 뭔가 특별하게 진행해야 한다는 생각부터 잘못되었습니다. 사도신경에서 보듯 교회는 항상 보편성(catholicity)을 추구했고, 이를 통해 하나된 교회를 가시적으로 드러냈습니다. 성찬은 교회의 하나됨을 드러내는 중요한 지표입니다.

한국 교회, 특히 장로교회는 세계적으로 유례를 찾아볼 수 없을 정도로 제각각 분열된 모습을 보입니다. 교회마다 부르는 찬송이 다르고 설교하는 내용도 다릅니다. 이런 실정에서 성찬을 부지런히 시행하여 교회의 보편성과 하나됨을 드러내야 합니다. 교회가 법적으로는 분열되어 있더라도 성찬이 실시될 때마다 실질적으로 하나됨을 보여줄 수 있습니다. 이것은 특히 작은 교회 성도들에게 큰 힘이 됩니다. 자신들이 작은 교회에서 예배를 드리고 있지만 동시에 거대한 보편교회에 속해 있음을 성찬을 통해 확신할 수 있기 때문입니다.

한국 교회에서 성찬의 문제점은 형식보다는 의미를 잘 알지 못하는 데 있습니다. 예배는 아는 만큼 누릴 수 있습니다. 아무리 형식이 좋아도 그 의미를 모르고 하는 성찬은 소꿉놀이에 불과할 뿐입니다. 그러므로 평소 성경공부를 통해 성찬에 대해 가르치고 배워야 합니다. 설교를 통해 분명히 선포하고 들어야 합니다.

강단에서 복음의 말씀을 설교하고, 그 말씀에 따라 성찬을 신실하게 시행할 때, 예배의 주체이신 주님은 그 은혜의 수단을 사용해 자기 백성들에게 은혜를 베푸시고, 그 은혜를 체험한 성도들은 감사와 찬송으로 화답할 것입니다. 잔치를 베푼 주인과 잔치에 참여한 손님들이 함께 기쁨을 나누는 것이 진정한 예배입니다. 이 기쁨의 온전한 회복은 성찬을 통해 가장 효과적으로 이루어질 수 있습니다.

6. 성찬 설교

"나는 섬기는 자로 너희 중에 있노라"

- 제목: 식탁 봉사 – 하나님 나라의 질서
- 본문: 누가복음 22:24-30

누가 크냐

제자들이 서로 "누가 크냐"라는 논쟁을 벌이기 시작했습니다. 이것은 제자들의 해묵은 논쟁이었습니다. 동일한 논쟁을 누가복음 9장에서도 찾아볼 수 있습니다. 그때 예수님은 자신이 장차 사람들의 손에 넘겨질 것이라는 사실을 귀담아들으라고 말씀하셨지만 제자들은 말귀를 못 알아듣고 "누가 크냐"는 논쟁을 벌이기에 바빴습니다. 예수님은 그들의 마음을 알고는 그에 대한 답을 주셨습니다. "너희 모든 사람 중에 가장 작은 그가 큰 자니라"(눅 9:48). 주님에게 분명한 답변을 들었지만 제자들은 그 뜻을 제대로 이해하지 못했습니다.

제자들이 보여주었듯 사람들은 비교하길 좋아합니다. 비교 자체가 나쁜 것은 아닙니다. 그릇된 기준으로 비교를 통해 자신의 우월감을 확인하려는 것이 문제입니다. 아파트 평수를 비교하고, 타고 다니는 차종을 보고 사람을 판단하는 것이 문제입니다.

"누가 크냐"는 교회 역사에서도 아주 중요한 문제였습니다. 이 때문에 교회가 분열되기까지 했습니다. 1054년에 동방교회와 서방교회가 나뉜 중요한 두 가지 이유 중 하나가 바로 이 문제였습니다. 서방교회였던 로마가톨릭교회의 주교는 베드로의 후예인 자신들이 다른 모든 주교보다 크다고 주장하면서 이를 거부한 동방교회를 출교시켰습니다. 개혁교회는 주교나 감독이 다른 목사들보다 더 크다는 주장에 반대하면서 말씀의 종은 어디에 있든지 동등하다는 것을 신앙고백으로 확정했습니다.

"누가 크냐"라는 제자들의 질문에 예수님은 누가복음 9장에서 더 구체적으로 대답하십니다. 이 대답에서 우리는 하나님 나라의 새로운 질서를 봅니다. 이 질서를 알아야 성도들이 하나님 나라의 백성으로 올바로 살아갈 수 있습니다.

배경: 고별 만찬

먼저 제자들에게 이 논쟁이 일어난 배경을 살펴보겠습니다. 이 사건은 예수님이 잡히시기 전날 밤 고별 만찬 때 일어났습니다. 사복음서에 기록된 내용을 종합해보면 고별 만찬에서 다음과 같은 일이 일어났습니다.

먼저, 예수님이 제자들의 발을 씻기셨습니다. 제자들에게 서로 섬기며 살라는 본을 몸소 보여주신 것입니다. 예수님은 제자 한 명이 배신할 것임을 공개적으로 알리셨습니다. 또한 떡과 잔을 나누면서 성찬을 친히 제정하셨고, 이 성찬을 통해 제자들과 영원한 언약을 맺으셨습니다. 자신이 어떤 존재인지 확실히 보여주셨습니다. 하나님의 아들로 오신 그분은 제자들을 위해 십자가에서 몸이 찢기고 피 흘리실 것입니다.

"누가 크냐"는 제자들의 논쟁은 이 같은 일이 다 일어나고 나서 벌어졌습니다. 주님의 모습과 제자들의 모습이 극명한 대조를 이룹니다. 예수님은 제자들의 발을 씻겨주셨습니다. 친히 그들을 먹이고 마시게 하셨습니다. 이제 몇 시간 후면 주님은 유다에게 배신당해 체포되실 것입니다. 예수님은 제자들을 정성껏 섬기셨는데, 제자들은 전혀 다른 생각을 하고 있습니다. 그들은 주님의 섬김에서 아무런 교훈도 받지 못했습니다.

어떻게 이런 일이 가능할까요? 그만큼 죄성에서 비롯된 인간의 비교의식은 뿌리 깊고, 그로 인한 갈등은 오랜 세월 동안 계속되어 왔습니다. 오늘날에도 많은 교회가 여러 갈등으로 내홍을 겪고 있습니다. 특히 장로교회 당회에서 목사와 장로의 갈등은 위험 수위를 넘나듭니다. 모든 갈등의 뿌리에는 "누가 크냐"의 문제가 자리 잡고 있습니다. 교회에 와서 예배하고 설교 듣고 기도하면서 주님의 뜻을 따르기로 결심한 사람들이 정작 교회 문제를 결정할 때는 주도권을 쥐려 합니다.

안타깝게도 교회 내 갈등에 회의를 느낀 청년들이 교회를 떠나고 있습니다. 이 문제를 해결하지 못하는 한 교회의 앞날은 밝다고 할 수 없습니다. "누가 크냐"의 문제로 일어난 갈등은 해결하기가 쉽지 않습니다. 단순히 "겸손하게 서로 사랑합시다"라는 구호로는 문제가 해결되지 않습니다. 그런 메시지는 상투적인 미사여구에 불과합니다. 예수님도 그런 식으로 제자들을 가르치지 않으셨습니다. 이 문제에는 보다 근본적인 성경의 원칙이 필요합니다.

"너희는 그렇지 않다": 하나님 나라 vs 세상 나라

고별 만찬에서 일어난 제자들의 논쟁은 저절로 해결될 수 없었습니다. 저마다 내세우는 기준이 있었기 때문입니다. 예를 들면 이렇습니다. 누가 예수님에게 가장 먼저 부르심을 받았는가? 누가 나이가 가장 많은가? 누가 능력을 가장 많이 행했는가? 누가 예수님에게 사명을 가장 많이 받았는가? 기준에 따라 "누가 크냐"에 대한 답은 달라질 것입니다.

예수님이 개입하지 않으셨더라면 그날의 만찬은 엉망이 되었을 것입니다. 예수님이 이 문제를 어떻게 정리하시는지 보겠습니다. 무엇보다 예수님은 어느 한 명을 가리켜 "이 사람이 다른 사람보다 크다"라고 말씀하지 않으셨습니다. 우리는 이 점에 주목해야 합니다. 이것은 교회에서 "누가 크냐"의 문제를 해결하는 데 대단히 중요합니다. 사실 이런 질문 자체가 잘못되었습니다. 교회 안에서 누가 큰지 제대로 물으려면 이렇게 질문해야 합니다. "어떤 일을 하는 사람이 크냐?" 예수님은 바로 이 점을 정확히 지적하십니다.

교회에서는 지위가 아니라 직무가 더 중요합니다. 이 사실은 직분을 이해하는 핵심입니다. 지위가 있어도 직무를 다하지 않는다면 그 지위는 아무 소용없습니다. 목사, 장로, 권사 같은 지위 자체는 중요하지 않습니다. 그리스도의 교회는 그런 지위가 아니라 그런 지위에 있는 사람들의 봉사로 세워지기 때문입니다. 지위가 있어도 걸맞은 일을 하지 않거나 아무 일도 하지 않는다면 교회는 서서히 무너지고 말 것입니다.

"누가 크냐"의 문제를 교회에서 해결할 때 잊어서는 안 되는 사실이 있습니다. 세상 나라의 질서와 하나님 나라의 질서가 전혀 다르다는 것입니다. 예수님은 "너희는 그렇지 않을지니"(눅 22:26)라고 분명하게 선언하십니다. 교회는 이 말씀을 명심해야 합니다. 오늘날 교회가 세상을 닮아가고 있습니다. 교회와 세상이 구분되지 않을 정도입니다. 오히려 신자들이 더 세상 사람들처럼 살아갑니다. 예수님을 믿는다고 하면서도 가치관과 삶에 다른 구석이 전혀 없습니다. 이것은 교회의 직분을 이해하는 데도 그대로 적용됩니다.

신자들은 세상을 따르는 자신의 가치관을 교회에 그대로 적용시킵니다. 세상에서는 어떤 사람이 큰 사람입니까? 예수님은 "이방인의 임금들은 그들을 주관하며 그 집권자들은 은인이라 칭함을 받[는다]"(눅 22:25)고 지적합니다. 세상에서 큰 자는 다스리는 사람입니다. 또한 지위가 높은 사람입니다. 한마디로 높은 지위에 있으면서 남을 다스리는 자입니다. 이런 생각을 고치지 않으면 교회에서도 이 같은 사람이 높다고 생각할 것입니다.

그렇다면 교회에서는 어떤 일을 하는 사람이 큰 자일까요? 예수님은 다음과 같이 답변하십니다. "너희 중에 큰 자는 젊은 자와 같고 다스리는 자는 섬기는 자와 같을지니라"(눅 22:26). 교회에서는 섬기는 사람이 큰 자입니다. 이것이 교회의 질서와 세상의 질서가 근본적으로 다른 점입니다. 세상에서 지위는 다른 사람을 다스리기 위해 주어지지만, 교회에서 지위는 다른 사람을 섬기기 위해 주어집니다. 그래서 교회 안에서 모든 직분자들을 봉사자, 즉 섬기는 자라고 부릅니다.

식탁 봉사: 섬김의 원형

그렇다면 교회에서 큰 자가 구체적으로 어떻게 다른 성도들을 섬길 수 있을까요? 이에 대해 예수님은 아주 좋은 본을 보여주셨습니다. 제자들의 논쟁이 고별 만찬 자리에서 일어났다는 사실을 다시 한번 기억하시기 바랍니다.

식탁 봉사야말로 가장 기본적인 섬김이라고 할 수 있습니다. 섬김을 헬라어로 '디아코니아'라고 하는데, 이 단어는 기본적으로 식탁 봉사라는 개념에서 유래했습니다. 옛날에는 종들이 식탁 옆에서 주인을 섬겼습니다. 노예제도가 없어진 오늘날에는 식당 종업원들이 식탁에서 고객을 섬깁니다. 세상에서는 식탁에서 섬기는 일을 하찮게 보기도 하지만, 하나님 나라에서 식탁 봉사는 가장 큰 자가 하는 일입니다.

예수님은 이 세상에 계실 때 종종 식탁 봉사를 하셨습니다. 가장 대표적인 예로 5천 명이나 되는 무리를 먹이신 오병이어 기적이 있습니다. 예수님은 4천 명을 먹이기도 하셨습니다. 부활하신 예수님은 밤새도록 물고기를 잡았던 제자 일곱 명을 위해 식사를 준비하셨고 그들을 먹이셨습니다. 예수님의 식탁 봉사는 고별 만찬에서 절정에 이릅니다. 그 자리에서 예수님은 친히 제자들의 발을 씻기심으로 그들이 식사를 할 수 있도록 준비하셨습니다. 그리고 친히 떡을 떼어 그들에게 나눠 주셨고, 잔에 포도주를 부어 주셨습니다.

식탁 봉사의 본질을 예수님은 이렇게 말씀하셨습니다.

> 앉아서 먹는 자가 크냐 섬기는 자가 크냐. 앉아서 먹는 자가 아니냐. 그러나 나는 섬기는 자로 너희 중에 있노라(눅 9:27).

여기에서 식탁 봉사가 단순히 섬김의 모범으로 그치지 않고 하나님 나라의 질서를 보여준다는 것을 알 수 있습니다.

그러므로 성찬식에서는 하나님 나라의 질서가 분명히 드러나야 합니다. 이와 관련해 17세기 영국 교회에서 "성찬식에서 떡을 어떤 자세로 받아야 하는가?"라는 문제로 격렬한 논쟁이 벌어졌습니다. 떡이 예수님의 진정한 살이라면 경외심을 가지고 무릎을 꿇고 받아야 한다고 국교회주의자들은 주장했습니다. 하지만 성찬식에서 섬기는 자가 더 큰 자라는 하나님 나라의 질서가 드러나는 것이 더 중요합니다. 그렇다면 장로들이 섬기는 자로서 분병과 분잔을 하고, 성도들은 앉아서 먹고 마시는 것이 더 성경적이라고 할 수 있습니다.

오늘도 계속되는 섬김

잡히시기 전날 밤 예수님은 친히 종처럼 섬기며 제자들을 먹이고 마시게 하셨습니다. 그런데 이제는 그 일을 그만두셨을까요? 전혀 그렇지 않습니다. 죽으시고 부활하시고 승천하신 주님은 하늘에서 자신의 살과 피로 자기 백성들을 먹이시고 마시게 하십니다. 그런데 그 일을 이전처럼 친히 하시는 것이 아니라 종들이 '특별히 성찬식에서' 하게 하십니다. 성찬식이야말로 하나님 나라의 통치가 실현되는 현장입니다.

이 일에 봉사하는 목사와 장로는 주님의 종입니다. 그렇다고 우리가 이들을 종처럼 부려야 한다는 뜻은 아닙니다. 이들은 권위를 가진 종이기 때문입니다.

예수님이 뭐라고 말씀하십니까? "내 아버지께서 나라를 내게 맡기신 것같이 나도 너희에게 맡겨 … 이스라엘 열두 지파를 다스리게 하려 하노라"(눅 22:30). 예수님은 아버지에게 받은 권위를 제자들에게 나눠 주십니다. 그 제자들은 어떤 제자들입니까? "나의 모든 시험 중에 항상 나와 함께한 자들"(눅 22:28)입니다.

이제 우리는 "누가 크냐"라는 질문을 내려놓아야 합니다. 예수 그리스도의 십자가로 우리는 세상과는 전혀 다른 나라에 들어왔습니다. 이 나라의 질서에 따르면 섬기는 일을 하는 자가 가장 큰 자입니다. 섬기는 일을 통해 주님은 교회를 든든히 세워가십니다. 하나님의 은혜와 평강이 섬기는 일에 최선을 다하는 모든 이들에게 함께하길 바랍니다.

· 닫는 글 ·
소망의 식사

지금까지 식사로서 성찬이 주는 유익에 대해 설명했습니다. 이제는 이 식사가 '소망의 식사'라는 점을 언급하며 글을 마무리하려 합니다. 우리가 성찬 속에서 즐기는 식사는 참되지만 완전한 식사는 아닙니다. 참된 식사는 요한계시록이 보여 주듯 마지막 날에 성대하게 벌어지는 어린 양의 혼인 잔치에서 궁극적으로 실현될 것입니다. 그렇다면 우리는 성찬을 통해 소망 가운데서 그 식사의 배부름과 기쁨을 지금 여기에서 미리 맛보는 것입니다. 그런 점에서 성찬은 종말론적인 성격을 띱니다. 믿음으로 이 양식을 먹는 사람은 미래의 완전한 식사를 소망하게 되고, 소망 가운데 이 식사를 바라보는 사람은 믿음으로 생명의 양식을 먹게 됩니다.

  생명의 떡, 기쁨의 잔! 이 풍성한 식탁에 주님이 우리를 초대하십니다. 십자가에서 찢기신 몸, 흘리신 피는 더이상 고통만을 의미하지 않습니다. 십자가는 더이상 죽음으로 이해되어서는 안 됩니다. 오히려 예수님이 사망을 이기고 부활하신 증거로 사용되어야 합니다. 십자가에 못박히셨던 주님은 더이상 그곳에 계시지 않습니다. 부활하고 승천하신 주님의 몸은 자기 백성들이 먹어야 하는 참된 양식의 원천이 되었습니다. 오직 믿음으로 주님의 떡을 먹고, 주님의 피를 마시는 자마다 배부름과 기쁨의 복을 누릴 수 있습니다. 이 놀라운 복을 독자들 모두와 함께 누리길 간절히 소망합니다.

• 성찬 시행에 대해 자주 하는 질문들 •

1. 성찬식을 매주 하려는데 무엇부터 하면 좋을까요?

답: 성찬은 설교와 분리되지 않습니다. 목사 자신이 먼저 성찬의 풍성한 의미를 깊이 연구하고 묵상하여 깨닫고 확신해야 합니다. 그런 다음 일정 기간 동안 성찬에 대해 설교하고, 성도들과 함께 충분히 성경공부를 하여 어느 정도 공감대가 형성된 다음 시작하길 권합니다.

2. 성찬에 대한 설교나 성경공부에 도움이 될 만한 책을 소개해 주세요.

답: 피터 J. 레이하르트가 쓴 『주린 자는 복이 있나니』(SFC출판부, 2008)를 추천합니다. 성경의 중요한 식사 본문에 대한 깊은 묵상을 담고 있습니다. 웨스트민스터 교리문답 해설서나 하이델베르크 교리문답 해설서와 설교집에도 성찬에 대한 유익한 설명이 나옵니다. 깊이 있는 연구서로 고재수 교수가 쓴 『세례와 성찬』(성약출판사, 2005)을 추천합니다. 이 책에는

성찬식에 적절하게 사용할 수 있는 예식문도 수록되어 있습니다.

3. 성찬식을 어떻게 혼인 잔치처럼 기쁨의 자리로 만들 수 있을까요?

답: 조금 어려운 질문입니다. 일단 성찬의 본질과 요소들을 올바로 이해하고 성도들과 공유하는 것이 중요합니다. 이를 바탕으로 형식에 몇 가지 변화를 줄 수 있습니다. 흰 장갑이나 흰 보자기는 사용하지 않는 게 좋겠습니다. 특히 성찬식 때 부르는 찬송을 기쁨과 감사의 뜻이 담긴 곡으로 바꿔보시기 바랍니다.

4. 성찬식을 간단하게 할 수는 없을까요?

답: 성찬 예식문에 나오는 모든 순서를 다 지킬 필요는 없습니다. 교회의 상황에 맞게 수정하거나 생략하여 집례할 수 있습니다. 주기도문도 좋은 성찬 기도문이 될 수 있습니다(예: "나라가 임하옵시고", "일용한 양식을 주옵시고"). 분잔에서 의외로 시간이 지체되므로 성도들이 모두 잔을 받은 후 다같이 포도주를 마시는 등의 방법을 고려해볼 수 있습니다(잔은 예배 후에 수거합니다).

5. 성찬을 매주 시행하면 매너리즘에 빠지지 않을까요?

답: 다시 강조하지만 성찬은 설교와 함께 갑니다. 성찬을 매주 의미 있게 시행하기 위해서는 좋은 설교가 필수입니다. 간혹 성찬이 설교의 부족한 부분을 보완해줄 때가 있지만, 설교가 지속적으로 받쳐주지 못한다면 성찬 또한 부실해지고 맙니다.

6. 예배 시간에 불신자나 다른 교회의 세례 교인이 있으면 성찬을 어떻게 해야 할까요?

답: 떡과 잔은 원칙적으로 해당 교회의 성도들에게만 분배되어야 합니다. 새 신자가 예배에 참석하는 경우 이런 규정을 미리 설명하고 양해를 구하는 것이 바람직합니다. 성찬이 포함된 예배 안내지를 예배당에 비치하여 안내할 수도 있습니다. 사전에 미처 준비하지 못한 경우에는 그들이 성찬에 함께하지 못하는 이유를 예배 시간에라도 간단히 설명하는 것이 좋습니다.

7. 그외 성찬을 좀 더 의미 있게 할 수 있는 방법이 있을까요?

답: 강단 옆에 성찬상을 비치하는 것이 좋습니다. 강단 반대편에 세례단이 있으면 더 좋습니다. 이런 구조물 배치를 통해

교회가 말씀 중심이라는 것을 드러낼 수 있습니다. 예배 시작 직전에 집사들이 성찬기를 가지고 예배당으로 들어와 성찬상이 준비되면 바로 송영으로 예배를 시작할 수 있습니다. 우리가 (준비 찬송을 하면서) 예배를 준비하는 것이 아니라, 하나님이 예배의 주체자로서 (식탁을 마련하심으로) 예배 가운데 우리에게 자비와 은혜와 복을 베푸신다는 것을 성도들이 다시 한번 인식하는 데 도움이 됩니다.

· 미주 ·

1. "하나님의 교회"라고 자칭하는 안상홍증인회는 오늘날에도 유월절을 지켜야 한다고 주장한다. 하지만 유월절을 오늘날 문자 그대로 지키는 것은 유월절이 예표하는 바, 예수 그리스도가 드리신 완전한 희생 제사를 무시함으로써 오히려 유월절을 욕되게 하는 일이다.
2. 4천 명을 먹이신 기적과 5천 명을 먹이신 기적이 비슷해 동일한 사건이라고 보는 학자들도 있지만, 두 사건을 자세히 비교해보면 장소, 상황, 제자들의 태도에서 많은 차이가 난다. 숫자 12가 이스라엘 지파를, 7이 가나안의 일곱 족속(이방인)을 가리키는 또 하나의 예를 사도행전 6장의 본문에서 볼 수 있다. 여기에서 일곱 명의 지도자를 선출하는데, 이들을 '집사'로 이해하는 경우가 많으나 원문에는 '집사'라는 용어는 나오지 않는다. 이들은 모두 헬라파 유대인이었으며, 이로써 예루살렘 교회는 유대인 열두 사도와 헬라파 일곱 지도자가 협력하여 다스리는 교회가 되었다. 이들의 선출은 철저하게 구속사적 관점에서 이해해야 한다.
3. '거룩한 자'를 가리켜 개신교에서는 모든 믿는 자, 즉 '성도'(聖徒)라는 용어를 사용한다. 반면, 로마가톨릭은 신자들 중 특별한 일부를 가리키는 '성인'(聖人)으로 이해한다.
4. 보통은 교회를 비가시적/가시적 교회로 나누어 설명한다. 비가시적이란, 교회가 투명인간처럼 눈에 보이지 않는다는 것이 아니라 교회의 참 회원인 선택받은 자를 우리가 인식할 수 없다는 의미다.
5. 고전 11:23-24, 마 26:26-28, 막 14:22-24, 눅 22:19-20
6. 로버트 쇼, 조계광 역, 『웨스트민스터 신앙고백 해설』(생명의말씀사, 2013)
7. 이성호, 『비록에서 아멘까지: 웨스트민스터 신앙고백 해설』(그책의사람들, 2023), 571.
8. 이에 대해서는 다음 책을 참조하라. 고재수, 『세례와 성찬』(성약출판사, 2005),

제3장 "주님의 만찬의 의미"

9. 이 주제에 대해서는 다음 책을 참조하라. 이성호, 『비법은 없다: 바른 목회와 교회 성장』(그책의사람들, 2013).
10. 행 3:21
11. 마 26:26, 28
12. 고전 11:24-29
13. 고전 10:16
14. 고후 13:5
15. 고전 5:7, 출 12:15
16. 마 5:23, 24
17. 고전 11:29
18. 고전 13:5, 마 26:28
19. 슥 12:10, 고전 11:31
20. 고전 10:16-17, 행 2:46-47
21. 고전 5:8, 11:18, 20
22. 사 55:1, 요 7:37
23. 고전 5:7-8
24. 고전 11:28
25. 고전 11:24-25
26. 대하 30:18, 19, 마 26:26
27. 고전 11:25, 26-28, 히 10:21-22, 24, 시 26:6
28. 사 50:10, 요일 5:13, 시 88편, 시 77:1-12, 욘 2:4, 7
29. 사 54:7-10, 마 5:3-4, 시 31:22, 73:13, 22-23
30. 빌 3:8-9, 시 10:17, 42:1-2, 5, 11
31. 딤후 2:19, 사 50:10, 시 66:18-20
32. 사 40:11, 29, 31, 마 11:28, 12:20, 26:28
33. 막 9:24
34. 행 2:37, 16:30
35. 롬 4:11, 고전 11:28
36. 고후 2:7
37. 고전 11:27-34, 마 7:6, 고전 5장, 유 1:23, 딤전 5:22
38. 레 10:3, 히 12:28, 시 5:7, 고전 11:17, 26-27

39. 출 24:8, 마 26:28
40. 고전 11:29
41. 눅 22:19
42. 고전 11:26, 고전 10:3-5, 11, 14
43. 고전 11:31
44. 슥 12:10
45. 계 22:17
46. 요 6:35
47. 요 1:16
48. 빌 3:9
49. 시 63:4-5, 대하 30:21
50. 시 22:26
51. 렘 50:5, 시 50:5
52. 행 2:42
53. 시 28:7, 85:8, 고전 11:17, 30-31
54. 대하 30:21-23, 25-26, 행 2:42, 46-47
55. 시 36:10, 아 3:4, 대상 29:18
56. 고전 10:3-5, 12
57. 시 50:14
58. 고전 11:25-26, 행 2:42, 46
59. 아 5:1-6
60. 시 123:1-2, 42:5, 8, 43:3-5
61. 대하 30:18-19, 사 1:16, 18
62. 고후 7:11, 대상 15:12-14
63. 「개혁신학과 교회」 제23호(2013)에 실린 논문을 일부 각색한 글이다.
64. "한국 교회와 예배"를 주제로 열린 제59차 복음주의 신학회(2012년)에서, 총신대학원에서 예배학을 가르치는 정일웅 교수는 논문 「한국 교회의 예배 변화와 예전의 문제성」를 통해, 고려신학대학원에서 예배학을 가르쳤던 한진환 목사(서울 서문교회 담임)는 논문 「하나님의 행위로서의 예배」를 통해 이 점을 강조했다.
65. '예배를 본다'는 표현에 거부감을 느끼는 사람도 있지만, '본다'라는 말은 시각적으로 본다는 것 말고 다른 뜻으로 쓰이기도 한다. 대표적인 예가 '맛을

본다'라는 표현이다. 여기에서 '본다'는 체험의 뜻이 강하다. 그런 점에서 '예배를 본다'를 하나님과 교제한다는 의미로 해석할 수 있다.

66. 정일웅, 『기독교 예배학 개론』(범지출판사, 2005), 17.
67. "나와 내 백성이 무엇이기에 이처럼 즐거운 마음으로 드릴 힘이 있었나이까. 모든 것이 주께로 말미암았사오니 우리가 주의 손에서 받은 것으로 주께 드렸을 뿐이니이다"(대상 29:14).
68. 이에 대한 논의는 다음 자료를 참조하라. 이성호, "이단의 출현과 교회의 응전", 「개혁신학과 교회」 제26권(2012): 165-186.
69. 이 부분에 대해 다음 논문을 참조하라. 이성호, "하나님을 즐거워하는 예배: 십계명의 첫 돌판의 관점에서", 「개혁신학과 교회」 제26권(2012): 192-196.
70. 웨스트민스터 교리문답은 기도도 은혜의 일상적 수단으로 다루고 있다. 이 주제에 대해서는 다음 논문을 참조하라. 유해무, "기도: 은혜의 방편?", 「개혁신학과 교회」 제9권(1999): 202-225. 이 책에서는 편의상 기도에 관한 논의는 생략했다.
71. John Calvin, *Institutes of Christian Religion*(Philadelphia: The Westminster Press, 1968), 4.17.43. (장 칼뱅의 『기독교 강요』)
72. 칼뱅은 권징 문제로 제네바시의회와 의견 마찰이 있었을 때 기꺼이 제네바를 떠났지만, 성찬 횟수 문제로는 떠나지 않았다. 권징을 누가 행사할 것인가(교회 치리자인가, 공직자인가)에 대해서는 단호한 입장을 취했지만 성찬의 횟수에 대해서는 비교적 관용적이었다.
73. 최근 교리문답 교육에 대한 관심이 되살아나고 있는 일은 고무적이다. 교리문답 교육은 딱딱하고 재미없다는 편견을 깨뜨려줄 다음 책을 추천한다. 황희상, 『특강 소요리문답』(흑곰북스, 2012).
74. 회원 가입식은 아주 간단하게 할 수 있다. 예를 들어, "○○○ 씨는 웨스트민스터 신앙고백서와 대·소교리문답을 본인의 신조로 받아들이고, 본 교회의 당회가 하나님의 말씀으로 다스릴 때 복종할 것을 하나님 앞에서 서약하십니까?"라고 묻고 "예"로 답하게 한다.
75. 이 주제에 대해서는 다음 책을 참조하라. 이성호, 『비법은 없다: 바른 목회와 교회 성장』(그책의사람들, 2013).